「おしゃれな人」は
おしゃれに
なろうとする人

大草直子

最愛の家族と

「おしゃれな人」は
おしゃれになろうとする人

Fashion

「おしゃれな人」はおしゃれになろうとする人

Family

「幸せな人」は幸せになろうとする人

Beauty

「美しい人」は美しくなろうとする人

Myself

「元気な人」は元気になろうとする人

はじめに

　残念ながら、27歳で退職してしまったのですが、以前勤めていた「ヴァンテーヌ」編集部に、「歩くヴァンテーヌ」と言われる、編集長がいらっしゃいました。彼女とのエピソードは、いろいろなところでご紹介させていただきましたが、私のおしゃれの先生であり、有難いことに、今は、おいしい食事やお酒をご一緒させていただく仲です。そんな彼女が、在職中、折に触れて言っていた言葉。

「美しい人」は、「美しくなろうとする人」。

　20代後半だった当時の私の心には、正直引っかからず、その頃サルサに夢中になっていた私の前を、残念ながらスルーしてしまっていたのですが、つい先日彼女との会話がきっかけで、記憶の引き出しから飛び出してきました。

「美しい人」

「美人」ではなく、「美しい人」には、そうなろうとする、そしてそういようとする意志の力が働き、裏を返せば、どんな人にも、美しくなる権利と可能性がある。この言葉はそう勇気づけてくれます。

フリーランスになって10年以上経《た》ち、今年40歳になる今の私に、そのフレーズは少々の衝撃と共にぶつかってきたのでした。今、私が雑誌で本で、ブログで……さまざまな媒体を通じて、お伝えしたいことは、このことだったのです。

「美しい人」は「美しくなろうとする人」だし、「元気な人」は、「元気になろうとする人」。そして、「幸せな人」は、「幸せになろうとする人」なのです。

生まれつきそうである人は、きっとほとんどいなくて、「なろうとする」努力が、その人を「～～な人」に導いてくれる。おしゃれだって、きっとそうです。生まれつきのセンス、というのは、天才的なアーティストにしか備わっておらず、私たちに必要なのは、おしゃれになろうとする意欲と訓練なのです。

「以前お聞きしたフレーズを少々アレンジして、新刊のタイトルにしたい」と、くだんの編集長にたずねると、「特に商標があるわけでもないし、どうぞどうぞ」と快諾していただきました。タイトルが先にあって書き進めた本ではなかったのですが、ほとんど終わりも見えてきた5月の初めに、プレゼントのようにすとんと降ってきたタイトル。今回の本で、皆さんとシェアしたかったことは、この言葉に集約されています。おしゃれも人生も、当然まだまだ成長の途中ではありますが、私をサンプルに、ファッション、生きること、ビューティー――さまざまなエピソードを書かせていただきました。最後まで読んで、あなた自身が「〜〜な人」になるための、ヒントやきっかけを見つけていただければ嬉しいです。

Fashion

「おしゃれな人」は
おしゃれになろうとする人

私のキャリアのスタートは、編集者です。企画の立案からスタッフ集め、ページネーションを決定し、そして服を集めコーディネートし、撮影をする。その後原稿を書き、最後にその原稿をチェックする――。珍しく、この一連の仕事をすべて経験できる出版社だったので、スタイリストとエディター、ライターの経験を一気に積むことができたのでした。その後フリーランスになり、クライアントや雑誌のオーダーに応じて、そのどれかをやるようになったのですが、今はどうやら「スタイリスト大草直子」として紹介されることが多いようです。実際、この本に限らず、すべての著書、新聞のコラム、ときに雑誌の原稿も自分で書いているのですが、肩書は何でもいい、と思っているので、スタイリストという呼び名は、それはそれでいいと思っています。

こんな肩書だからか、よく「昔からおしゃれが好きだったのですか?」と聞かれますが、答えはYESです。YES! YES!

ブラウンのシックなコーディネートが好きだった母から受けた影響か、物心ついた頃には、なみなみならない情熱を、ファッションに燃やしていた気がします。とはいっても、子供の頃からトラッドに親しんでいたので、のどから手が出るほど欲しかったのは、真っ赤なスクールセーターや、チェックのプリーツスカートでしたが……。その後、高校生のときに触れたアメカジ、そして、後にその雑誌の編集者になる「ヴァンテーヌ」から教えてもらったヨーロッパのファッションや、会社を辞めて出かけた南米のカラフルな着こなしをミックスして、今の私のおしゃれができあがったわけですが、それでもまだまだ未完成。

おしゃれは生まれつきのギフトではなく、誰もがやれば上達するもの。訓練をすれば、うまくなるものなのです。毎日毎日少しずつ上手になり、そうして、一生をかけて完成させていくものだと思っています。20代の女の子よりも、60代の女性のほうが、うんとおしゃれで素敵——そうあるべきだし、そう信じて、私自身、毎日服を選び、コーディネートし、着ているのです。

20代、30代のおしゃれ。そしてこれからの、40代のおしゃれ

20代。何だか遠い昔のような気がしますが……。自分の意思でおしゃれをし、そしてそれが「他者」の目にはどう映るのか――を意識する年代。今考えると赤面してしまうようなスタイリングや、まるでコスプレを楽しむように、毎日とっかえひっかえ、服をチェンジしては楽しんでいたっけ……。この時期は、何が似合うのかというよりも、自分はどんな服でも着られると信じていて、フルレングスのたっぷりしたパンツから、膝上のスカート、そしてショートパンツまで、それこそ見るたびに「違う人」になっていた気がします。自分のためにおしゃれをする、というより、男受けだったり、女友達に自慢するためだったり――判断の基準が自分以外にある。これって、実はこの年代でやるべきこと。きっとここで、他人の目に映る自分のおしゃれを、客観的に確認できるから。この作業を終えないと、大人であるべき40代でも、「自分以外の目」を気にして装

うことになるのです。

そして30代。結婚する人もいれば、出産する人もいるかもしれない。仕事で大切なポジションを任される、なんていうシチュエーションも考えられます。ライフスタイルが確立し、そして自分の好みだって、きっと細かく確かなものになる。そう、ここで学ぶべきは、自分という素材に似合う服探し。外見もそうだし、生活背景など。こうしたファクターを、きちんと満たしてくれるファッションを、きっと毎日みんな探している。生活や人生が安定しないうちは、「スタイル」って実は確立しない――なんてことも、おぼろげながらわかってくるのです。そうして、30代を過ごし、理想としては、新たな年代に突入する30代後半に、おしゃれの土台を作っておくこと。

40代は、それを少しずつ壊しながら、20代のときとはまた違う試行錯誤を繰り返していく時期だと思います。もちろん、こうしたおしゃれの修業はそれ以降もずっと続いていく。

そう。おしゃれに、ゴールはないのです。一生勉強だし、一生分の時間があるから、ゆっくりと、でも立ち止まらず学んでいけばいい。

私は、今年40歳になります。また違うおしゃれに挑戦して、また失敗できる。何だか、今からワクワクしているのです。

アイテムごとの考え方

——デニム　流行を映すアイテム

私にとって、デニムは制服のようなもの。1週間に5回は着てしまう。肌になじむその素材感も好きだし、着るごとに自分の体温となじんでいく風情《ふぜい》も、シャネルのバッグやツイードのジャケットをきちんと「わたし風」にしてくれる表情もお気に入り。あ、ノーアイロンで着られる気楽さも！　付け加えますね。デニムは、私にとってこんなふうに、最大の味方であるのですが、それは、きっと私がいつも緊張感をもって、デニムとある一定の距離をとるようにしているからだと思います。「楽だから」と穿くことはないし、必ずジュエリーなのか、ブランドのバッグなのか、セクシーな靴なのか——とコーディネートするように心がけているのです。

だからこそ気をつけなくてはいけないこと。それは、「デニムの顔」。例えば、その素材の加工の技術、ダメージの入れ方、リベット（鋲《びょう》）の位置や大きさや素材。そしてもちろんラインやステッチの入れ方。顔の「古い・新しい」は、「時代を語ってしまうもの」。だから、5年同じデニムを穿きつづけている人は、5年ファッションが進まない人に見えてしまう可能性もあるのです。

ほとんどモードに興味のない私が、1年ごとにデニムを買い替えるのは、それが理由。そのシーズン流行しているブランド（西海岸のリラックスしたブランドなのか、イタリアのセクシーなラインなのか——は意外と重要）、そしてシルエット（これは実は、そのときに流行《はや》っている靴のフォルムやトップのバランスで変わる）をアップデートすることで、他のアイテムが昨年からの持ち越しでも、着こなしがうんと新しく、そしてエキサイティングに見えるから不思議。

もし、予算が限られているのであれば、バッグを新調するより、デニムの新作を！――とおすすめしています。そして「今」買うなら、太もものわたりがタイトすぎない、ストレート気味のデニムがBEST。ロールアップしても、裾をおろしてシンプルに穿いても、ブーツにINしてもバランスがいい、汎用性の高い1本です。

〈おすすめブランド〉

シチズンズ・オブ・ヒューマニティ／レッドカード／AG／ノティファイ

――ニット　なりたい素肌はニットで叶える

ニットの「似合う・似合わない」は、その年齢によって変わります。例えば20代。タートルネックが最も似合う年代です。しかも素材は、ウールのようなマットなものでも大丈夫。首から肩、そして二の腕のラインも、まだスポーティで軽やか。そして、艶《つや》やかな肌や髪。デコルテ、首――全身のコーディネートの「光」を隠しても、ストイックに着られるのです。

それが、30歳を少し超えると、ある日突然「タートルが似合わない日」がやってくる。

遅かれ早かれ訪れるその日を境に、今度はVネックニットが楽しめる年代に突入します。素材は、まろやかな光沢があるカシミヤがおすすめ。デコルテの肉がそげ、胸が下がってくる。そうすると、Vゾーンに艶やかな色っぽさが漂い、そこを品よく強調できるVネックが驚くほど似合うようになるのです。肩のライン。丸みを帯び、厚みを増すそのアウトラインを、Vの輪郭はシャープに見せてくれる。ニット、細かく編んだしかもハイゲージニットは、女性の肌の質感に近い、柔らかな素材感が特徴です。年齢と共に変化する素肌感に敏感になると、その年齢で最も似合うひとつが見つかるはずなのです。

私の場合も、オードリー・ヘップバーンのような少年っぽいタートルネックの着こなしに憧れて、冬中ずっと、黒やネイビーのタートルを愛用していたのに、ある瞬間に以前とは同じ着こなしができていないことにショックを受けました。ただし、その次の一瞬には、「Vネックが今までよりうんと似合っている」ことに満足したのでした。そして思うのです。こんなふうに、そのときどきで楽しめるファッションが違うことは、とてもエキサイティングで幸せなことだと！

今現在は、カーディガンのおしゃれに開眼。1枚でカットソーのように着たり、肩に掛けてストールみたいにしたり、あれこれアレンジして楽しんでいます。Vネックと同様、大人にこそ似合うこのアイテムの着こなしに、この先もっと練習して上達したいと思います。

〈おすすめブランド〉
Vネック→ジョゼフ／マイー
カーディガン→スリードッツ／ジョンスメドレー

――シャツ　究極のスタイルアップアイテム

ここ最近、よくシャツを着ます。高校生の頃の「アメカジ全盛期」には、ボタンダウンをよくコーディネートしていましたが、その後それこそ20年近く、ほとんどシャツを着ない時期を経て。この長い「シャツ不在」の理由は、とても簡単。似合わなかったから。素材の選び方がまずかったのか、着方なのか、スタイリング自体が間違っていたのか。もしくは、クリーニングにこまめに出したり、ホームクリーニングをした後のアイロンが面倒くさかったのかもしれません。

ただ、30代後半のある日、「フランク&アイリーン」というアメリカのシャツブランドの1枚に出会ったことで、突然、シャツ愛が再燃しました。小さな衿《えり》の、コットンや麻、コットンリネンなどの張りのある素材、小さな同色のボタンがついていて、丈はボトムにINしてもきちんと収まってくれる長さ。シングルのカフスの長袖――これが理想。もちろんデニムを合わせたってきちんと見えるし、白や淡いブルーなどを選べば、顔色もワントーン明るく見せてくれます。そして何より、体形を補整し、着やせして見せてくれる。そう、私たち大人にとって、こんなにも味方になってくれるアイテムはないのです。衿をさりげなく立たせて、デコルテにきれいなVゾーンを作れば、首や骨っぽい鎖骨をすっきりと際立たせてくれる。そしてウエスト。裾を一度ボトムの中に入れて、肩をくっと上げてみてください。きちっと入れた裾が程よくたるみ、ウエストのラインをきれいにぼかしてくれるのです。

シャツは、このように女性の華奢《きゃしゃ》な部分を強調し、気になる部分を上品に隠してくれる。お腹《なか》まわりや二の腕が気になるなら、頼るのはチュニックではなく、シャツなのです。

そうして、シャツの着こなしに少しは上達した今、次に挑戦したいのは、シルクの1枚。とろみと艶やかな光沢がある、シンプルなデザイン。子供でも、中途半端な大人でも着こなせない、本物の大人のためのシャツ。

〈おすすめブランド〉

コットン↓フィナモレ／ル・ヴェルソー

シルク↓エキプモン

――リトルブラックドレス 「一人前の女」に不可欠なもの

実は、今私が最も欲しいもの。黒の、ごくごくシンプルなデザインの、「素材勝負」のドレス。肌と黒とのコントラストが美しく、漆黒だからこその、潔い、そして厳しいカッティング。着たときの緊張感やオーラは言うまでもなく、当然オフィスに着ていくには、「特別すぎる」1着。アクセサリーや小物でごまかすこともできない、究極のドレスは、ハレの日と日常、両方をもっている大人にしか選ばれないもの。普段だけでなく、半年に一度やってくればよい非日常におしゃれでいることの贅沢を知っている、そんな大人にしか必要のないものなのです。

大切なのは、まずは素材。黒という色は、簡単そうに見えて、とても難しい色。トゥーマッチな光沢は安く見えるし、マットな素材感では老ける。適度に厚みのある、そして張りのある、そうシルクタフタのような素材に憧れます。もちろん、ジャージー素材（もともとは、下着に使われていたインフォーマルな生地）のミニマムなタンクワンピースは持っているし、夏のコットンの1着も。ただし、どちらも「リトルブラックドレス」とは言えないのです。

デコルテまですっぽり隠れるクラシックな衿ぐり、二の腕の白さを引き立たせる、フレンチスリーブ。胸元は隠しているからこそ、の脚の色気を目立たせる、絶妙な丈。フリルやリボンはもってのほか、レースすらいらない。ドレスと自分の、一対一の真剣勝負ができるような素《そ》っ気《け》なさを、きちんと選ぶことができたなら、私のおしゃれは確かに進む気がします。

今までに袖を通したことがないけれど、ずっと探しつづけているもの――こんなアイテムがあることを、とても幸福に思い、いつか見つかるかもしれない、と願い、ついにやってくる光景が、頭の片隅に常にイメージトレーニングされている。これが、40歳手前の私のおしゃれの途中経過です。

"CHECK YOUR BACKSTYLE"
後ろ姿はすべてを語るから

雑誌の取材で撮影していただいたり、毎日楽しく続けているブログのために写真を撮ったりするようになってから気づいたこと。自分の後ろ姿が、「想像していたもの」とは全く違う、ということ。もちろん、愕然《がくぜん》とし、がっかりもしましたが、それ以来、正面から見たスタイリングとは別の視線で、バックスタイルをチェックするようにしています。実は、エクササイズが大嫌いで、ジョギングやウォーキングも全く興味がない……

ときているので、当然年齢相応の下垂もありますが、下着選びや姿勢、ボトムをジャストサイズで着ることですっきりと見せるように工夫をしています。

例えば、タイトフィットなニットやカットソーを着る場合は、必ずブラジャーにタンクトップやキャミソールを重ねて。そうすることで、背中の丸みや、ブラジャーのストラップが作る、イヤな段差が目立たなくなります。

また、ヒップの下にショーツのラインを作らないこと。これを解消するだけで、脚は長く、ヒップはすっきり見えるから不思議です。

もうひとつ大切なのは、ボトムを、必ずベストなサイズで選ぶこと。特に、パンツはウエストではなくヒップで選ぶべき。何もパーフェクトフィットなものがいいわけではありません。ヒップ部分に指2本分くらいの適度なゆとりがあって、安心してトップをINにして着ることができるもの。ときに、ワンサイズ上げることも必要です。必ず試着室で、バックスタイルを確認しましょう。

正面から見たときに、着こなしや着ている人も、素敵で感じが良く、くるりと背中を向けてからも、その印象はちらりとも変わらない——そんな人が、本当に「おしゃれな人」。私にとっても永遠の課題で、目標です。

とにかく写真を撮ってもらう。不意の瞬間を逃さずに

2年近く続いているブログで、その日のスタイリングを写真でアップするようになってから、私のおしゃれ偏差値が間違いなくアップした。それは自分でそう思うだけではなく、周囲の人からも言われるから、きっと正しい……はず。その理由は、ほぼ毎日撮っている写真にある――と思います。

前日の夜、ベッドの上に次の日着る服やバッグ、ときにはアクセサリーまで並べてみて、次の日は当然その着こなしで出かけるわけですが、実際に着て、さらに写真を撮ると、平面で見ていただけではわからなかったことが、見えてきます。それは、鏡で見る

のとも違う、3Dでの確認作業。「バッグとパンツの色みが違っていた」、もしくは「ワンピースの丈と靴のボリューム感のバランスが悪い」などなど。

このことに気づいてから、トークショウで着用するコーディネートや、結婚式の二次会のドレスアップなども、すべて写真で確認するようになりました。夫や子供に頼んで、着たところを、さまざまな角度から。「はい、チーズ」ではなく、不意な一瞬を狙ってもらうのです。ウエストとヒップはきれいに収まっているけれど、背中がちょっぴりパツパツに見えるワンピースや、ヒップ部分が「余ってしまっている」パンツなどは、そこでふるいにかけられ、「着ないアイテム」のリストに入ることになります。

私の場合——例えば、お気に入りのイタリアメイドのシンプルなワンピースは、そうした作業を経て、残念ながら知人にお譲りすることになった1着。ノースリーブの何の装飾もないシンプルなドレスは、正面、さらにサイドから見ても、とてもしっくり私のボディラインになじんでいましたが、そこには死角が！　おそらくヒップラインが合っていないからでしょう。後ろのスリットが大きく割れて、広がっていたのでした。無理して着られないこともないけれど、そのスリットからのぞく脚は、全くエレガンスからは程遠いし、何より自分自身が気になってしまうのがNG。

こんなふうに、どこから飛んでくるともわからない、無数の人々の不意の視線を切り取る――それが、写真。だまされたと思って、是非一度やってみてください。知りたかったことも、気づきたくなかったことも、見えてくるはずです。

9号が正しいわけではない。サイズ神話からフリーになろう

仮に体重が増えなくても、女性の体は日々変化します。そして、全く同じ体重でも、5年前とは、「贅肉のつき方」や、「体のライン」は全然違う。そのことに敏感にならなければ、「私の1着」を選ぶことはできません。

例えばパンツ。「ウエストが入る」から――という理由で、5年前と同じ9号を穿き

つづけているのだとしたら、是非後ろ姿をチェックしてみてください。バックポケットのポケット口が開いてしまっていませんか？　もしセンタープレスが入ったタイプだったら、そのラインが曲がっていませんか？　ウエストやヒップが「入る」ことは、服選びの基準にはなりません。大人の女性がきれいにパンツを着られる基準は、そのパンツを穿いたとき、ウエスト、そしてヒップに指2本入るくらいゆとりがあること、ヒップ下に横じわが入っていないこと、もものラインがくっきりと出ていないこと。メーカー側が決めたサイズでは、この条件を満たせるのかを一概に測ることはできません。そう、それをチェックするのは、まぎれもなく自分しかいないのです。

私自身も、つい最近、9号だったパンツのサイズを、ブランドにもよりますが、11号に替えました。9号がもちろん入らないわけではないのですが、ウエストには、柔らかくなった大人の贅肉がのり、そして全体的に下垂したラインゆえの、ヒップ下のもたつきがとても気になっていたのでした。しばらくは、サイズを上げることに考えが及ばず、今までと違うデザインを選んだり、素材を吟味したりしていたのですが、「そうだ、11号を穿いてみよう」と思いついて、それを実行してみたのです。そうして、サイズを替えたことで、5年前とさほど変わらないシルエットを取り戻し、そのことにとても安堵しました。マイサイズを決めるのは、メーカーでもストアのスタッフでもなく、自分――そのことを覚えておきたいものです。

まずは、自分なりの「着方」を研究。買ったまま着られるものはないのです

実際に読者の方にお会いできるイベントなどで、「うまくデニムが穿けないんです」「シャツが格好よく着こなせません」、そんな声を数多く聞きます。もちろんサイズやシルエットの選びが間違っている場合もあるのですが、たいていが「着方」に問題があります。例えば、ラフなシルエットが魅力のボーイフレンドデニム。バギータイプやブーツカットは、もちろん自分のベストな丈でカットしないと穿けませんが、ボーイフレン

ドは別、と思いがちのようです。太ももにゆとりがあって裾にかけて細くなっているため、ロールアップして着るのが基本。それでも、自分のレングスに調節しなければならないのは、他のデザインと同じ。私自身お気に入りで、さまざまな媒体でご紹介している「レッドカード」もそうです。「うまく穿けない」理由は、丈が長いからなのです。もちろんそのままで穿けないことはないですが、3回小さくまくってちょうどいいレングスに、カットすること。そうすると、裾のもたつきがなくなり、足首、そしてふくらはぎの細いところがアピールできるはず。

シャツの悩みも同じです。何も2番目までボタンを開けて、衿を立てていればいいわけではないんです！　バストの大きな人は、アンダーにタンクトップを着て3番目のボタンまで開けて、胸元のボリュームを逃がしたほうがいいし、衿を立てるのだって、左右に大きく開くのではなく、衿の後ろだけをすっと立てて、前立てに向かって自然にVを作るようなあしらい方が、たいていの人にはよく似合う。そして、カフスは、素材によっては手首でひと折り、もしくは肘《ひじ》までぐっとたくし上げたほうがいい。すべての人に同じ正解はないし、その正しいひな形は自分で見つけるしかない。

買った服を、デビューさせる前には、鏡の前で「あれやこれや」着てみてください。他のアイテムとの合わせ方はもちろん、アレンジの仕方を。裾のまくり方や、衿の立て方、カフスの折り方、ボタンの開け方まで、ベストなバランスがあるはずだから——。

時計は5年後のあなたを映す鏡

どんなおしゃれに身を包み、どんな男性の横にいるのか。5年後「なっている自分」を想像してみてください。それがわかれば、きっとこの先長い間相棒となってくれる、「ただひとつの時計」に出会うことができるはず。

例えば、女性の腕からはこぼれおちそうなくらい大きなフェイスの、堅牢な時計なら、それは「パンツスタイルがMYスタイル。この先5年は、仕事を頑張ろう」という表れだし、文字盤もフェイスもちんまりと愛らしく、ベルトは美しい飴色のレザーなら、「シャツやタンクワンピース。ベーシックを極めよう」という決意表明。そしてそれは、「今の」ではなく、この先の5年を引っ張ってくれるひとつ。憧れや敬意、そしてちょっぴりの不安と共に、私の腕にしっかりと巻かれ、見るたびに、5年後の私をリマインドしてくれる。そうして5年が過ぎて、時計が示してくれた道をたどり、やっと、5年後のための時計は、「今の私」にしっくりとなじんでいるのです。

だからこそ、時計選びにはとても慎重にならなければいけない。「何にでも合うから」は、どんなおしゃれにとってもベストではない、ということだし、「人気のブランドのものだから」は、この先の私がその他大勢になってもいい——ということにもなりかねない。

運命の時計は、ある日突然、何の前触れもなく、目の前に現れるのです。「あのワンピースに似合うブラウンの靴を探しに行こう」と出かけていく、いつものショッピングとは全く違う！　出会いは明日かもしれないし、もしかしたら1年後かもしれない。ただ、その日がやってくるのを待つ楽しみも、まだ見ぬ時計が連れてきてくれるのです。

私が「たったひとつの時計」に出会ったのは、2年前。「新人と思って頑張ろう」と決めたフリーランスになった27歳から、10年を過ごし、自分のスタイリングが公私共に定まった頃、突然そのときはやってきたのでした。「ＩＷＣ」の「ポルトギーゼ」。少し大きめの、そして厚みのあるフェイスが特徴。ハンサムで自由で、そしてどこか気品があるひとつ。黒のワンピースの手元にこの時計だけ――なんていうスタイリングも、驚くほど決まる。ときに夫のストライプのシャツの手元に収まっていたり……。

きっと、この先ずっと心強い相棒になってくれるんだろうな、という安心感と一緒に私のところへやってきてくれた美しい時計。大切に、だけれど気軽に毎日のようにつけ、そのうち、この時計のような佇まいの女性になりたいな、と思います。

靴には投資すべき。あなたを支える土台だから

着こなしを支える全アイテムの中で、お金をかけるべきは靴。「足元を見る」と言うけれど、靴は、あなた自身、あなたの価値観、そしてバランス感覚を映す鏡だから。そう、流行に――ではなく、投資すべきは上質な素材、そして美しい姿勢と歩く姿を約束する丁寧な作り。デザインは、「守り」に徹してくれるもの。

例えば、イタリアの靴ブランド、「トッズ」。代表モデルである、ドライビングシューズを私も持っていますが、その地に足のついた美しさは、その人の背景にある「生活の美しさ」まで映してしまうよう。ブランドのＰＲブック、『イタリアン・タッチ』では、靴にお金をかけることの豊かさが、美しい写真で語られています。イタリアのクラスある人たちのおしゃれの、本当、本物。例えば、シンプルでベーシックなシャツ。きっと何年も愛用しているであろうそのシャツは、着ている人にしっとりと寄り添い、気負わ

ず、静かになじんでいる感じ。そして、合わせているのはこれまた、「その人そのもの」のような、デニム。そして足元には、トッズのドライビングシューズ。つやつやに磨かれ、その履きやすさを物語るように、くたっと柔らかに履きこまれたはちみつ色のレザーは、何でもない服を、「リラックスするだけの服」ではなく、「自信とプライドをもって選び、着ている」ように見せ、そして育ちの良さと、幸福感をそっと添えてくれているのです。あくまでもそっと。

靴の、ファッションアイテムとしての役割はここにあり、何も、足元で冒険しなくていい。この小さなパートは、「お金がかかるもの」と割り切って、初期投資も、そしてその後のメンテナンスも、気持ちとお金をかけてあげることが大切なのです。逆に、遊び心を映すのはバッグ。ここには、モードのスピード感や、その日の気分を思う存分ぶつけていい。美しく凛《りん》としたパンプスにトートバッグを投入したり、もしくは可憐なバレエシューズにスポーティなボストンバッグを合わせたり。そう。足元を「守っておけば」、あとはバッグで「遊べる」「攻められる」のです。

ベースカラーは〝一生もの〟ではない。5年ごとに見直す

おしゃれを明確にするには、着こなしの土台となるベースカラーを決めること。それは、好みをベースに、「自分」という素材を最も生かしてくれる色。例えば髪の色との相性。カラーリングしたブラウンヘア、と一言で言っても、その色の性質はさまざま。表情を柔らかく見せる、赤みがかったブラウンもあれば、カーキを含むシャープなブラウンもある。通常、似合う色は、この色と同じ系統であったりします。他にも、肌の色や瞳の色に、しっくりくる1色が、あなたのベースカラーになるのです。

これが揺るぎないものになれば、スタイリングはうんと簡単になる。グレーとカーキなのか、ベージュとグレーなのか。グレーの中でも、カーキがかったグレーなのか、そしてカーキでも、ブラウン寄りなのか――など、その色の性格は、ピンポイントであればあるほどいい。

私の場合は、瞳の色にしっくり似合う、ベージュをたくさん含んだグレーと、そして年中日焼けしたダークトーンの肌を柔らかく見せてくれるピンクがかったベージュ。これを土台にしておくと、この色と相性のいい色が効かせ色になり、そしてベースカラーの色みを淡くして足していけば、美しいグラデーションができあがる。おしゃれの根幹、土台の色がぶれると、おしゃれは曖昧なものになり、服の数は膨大にあるけれど、結局着る服がない……ということになってしまうのです。

一度見つけてしまえば、その安心感に驚くでしょう。ワードローブの中のどんなアイテム同士を組み合わせても、それらが合理的に交わり、納得のいくスタイリングができるのです。

ただし、覚えておきたいのが、このベースカラーは、「一生もの」ではないということ。肌の質感が変わり、骨格や体形が変化し、そして髪の艶や、肌の輝きが少しずつ印象を変えていくのに、同じ色がベースでありつづけることはないのです。何より、「あなた自身」が変わっていくわけだから。きっと、そのスパンは5年くらいが妥当。毎日鏡で自分の姿を確認し、不意に撮られた写真でチェックし、「替えどき」は自分に敏感になることで、きっと見つけられる。せっかく見つけて確かなものにしたベースカラーをチェンジするのは勇気がいるけれど、間違いなく必要な作業。これをやった人とそうでない人は、それこそ10年後に差が出てくるのです。

情報からは一歩離れていよう。ファッションに振り回されないように

ファッションの仕事をしている私がこんなことを言うのもなんですが、モードやブランド、そして他人の価値観からは、できるだけ遠くにいることが賢明です。今年はこの色や素材、フォルムが流行って、という情報はもちろん、この人はこのブランドのバッグも、こっちのブランドの靴ももっている——ということまで、つまびらかになってしまう世の中だからこそ、冷静さがとても大切なのです。自分は自分。そんな感じでしょ

うか？　それを、身をもって感じているので、ブランド側がそのシーズンの「売り」をプレゼンする場である、コレクションや展示会には、実はあまり行きません。行ってしまうと、その場にあふれている色や素材、そしてデザインが心に残ってしまい、自分がやりたいテーマや、紹介したい服が見えなくなってしまうことがあるから。

基本は、お仕事をさせていただいている雑誌のページでも、自分で買っても納得できるプライス、そして着たい服、小物を紹介するようにしています。だからこそ、そのシーズン着たい色、素材、そしてデザインに、いつでも忠実でいたい。それはたとえ、黒が巷で流行っていても、ベージュやカーキかもしれないし、ワンピースに注目が集まっても、やっぱり「私が」着たいのはパンツかもしれない。雑誌のページを作る時期は、店頭に実際に商品が並ぶときよりも、少し早い場合があるけれど、できるだけ「私の、今の気分」を女性代表として体験し、表現することを、最も大切にしているのです。それは、1年も前に、会議室で「売りのアイテム」を決めたブランド側の意図より、きっとリアルで近い。そう思っています。

雑誌やインターネットを見る側も、選び取り、取り入れるインフォメーションは、注意深く自分で決めるべきだと思います。あふれる情報の中、「もっていない」ことへの飢餓感や、「知らないこと」に感じる焦りは、決してもたなくていいのです。

セールで冒険はＮＧ。定番と小物だけ

最近、セールの時期がどんどん早まっています。夏もののセールは、夏本番を迎える6月末には徐々に始まり、冬のアイテムだって、年内には既にＳＯＬＤの文字をつけられたりする。もちろん私たち消費者にとっては、とても嬉しいことではあるのだけれど。でも、ちょっと待って。セールに行く前に、自分なりのルールを作っておきましょう。そうしないと、「安さ」に興奮してたくさん買ったはいいけれど、30パーセントオフになった、そのパンツやコートが、自分のワードローブの主力選手にはなってくれない

……なんてことも。私自身が何度も失敗したからこそ、今実践していることがあります。

まず大切なのは、セールには、初日には行かないこと。ショップ側もお客さんも軽い興奮状態なので、その渦に巻きこまれないほうが賢明です。そして1週間くらい経ってから行ったときも、決して、「大物」は買わないこと。コートやワンピースなど、「セールになってから買おう」と思ったものは、「本当に自分に必要なもの」ではないということ。しかも、欲しかったコートを店頭で見つけたら、例えば「少しサイズが大きく」ても、そして「欲しかった色がなかった」としても、買ってしまうでしょう。結果、使われず、クローゼットの端っこに置かれることになったら、とても残念です。

ディスカウントになっているもので買うべきは、まずは自分の定番。おしゃれを支えてくれた実績があるものの、バリエーションを増やすイメージ。例えば大活躍のクロップドパンツの色違い。もう試着をしなくても買えるくらい、自分のファッションを既に支えてくれているもの。あとは、リブのタンクトップやTシャツなど。深い胸開きのニットや、透けるブラウスのインナーに、なくてはならないもの。意外に、「派手なもの」「キャッチーなもの」から売れていくので、実はこうした地道なものがサイズも含めて残っていることが多いのです。

　そして、私がいつも掘り出し物を見つけるのは、小物。夏は、エスニックなバングルや、サンダル、冬なら手袋が圧倒的におすすめ。定価で買うことを考えると、後回しにしがちだけれど、コーディネートにはなくてはならないもの。私のクローゼットにある、こうした小物たちは、ほぼすべてセールで手に入れたものです。いくら安く買っても、きちんと活用してあげなければ、そのお金は無駄になってしまう。理想は、セール前に本当に必要なものを揃え、そしてセールで、この先ずっと、影でファッションを支えてくれる、定番、小物をゆっくり探す——ことです。

子供は子供らしく。それが一番可愛く見える

今から15年以上前、まだ私が新人の編集者だった頃。とある老舗《しにせ》ブランドのデザイナーの奥様にインタビューをさせていただく機会がありました。髪をきれいにセットし、柔らかな物腰の、それはそれは素敵なマダム。お嬢様2人のお母様でもある彼女が、何かの話の途中でおっしゃっていたこと。

「子供はね、ネイビーや白、グレーを着ているのが一番可愛いのよ。血色の良い肌色や、光が透けるほど柔らかな髪は、赤やピンクの力を借りなくても十分きれい。ストイックな色を背景にしたほうが、引き立つの。だからわたくしは、学校の制服も、おしゃれの基本のきを学ぶときには、とても有効だと思うわ」

この言葉は、ずっと私の心の片隅にあったのでした。そして自分自身が出産を経験し、子供を育てている今、心から共感する言葉として、大切にとってあります。子供は、子供であれば、それが一番きれいだし愛らしい。今のファッションの傾向なのかもしれませんが、10代前半からメイクをしたり、ヒールの靴を履いたり、大人びた格好をするのは、絶対反対。我が家の子供たちは、11歳の長女も、6歳の長男も、1歳の次女も小さな花柄のスカートや、ポロシャツや、ボーダーのカットソーを着て、子供時代を存分に楽しんでいます。ブランドものや高価なものである必要はありません。ボールを追いかけたり、自転車に乗ったり……子供のときに「楽しいこと」を、心から楽しめるようなおしゃれをしてもらいたいな、と思うのです。汚したり、破いたり、そうして何度も洗濯していつの間にか小さくなって——こんなふうに、この時期のおしゃれを満喫してほしい。

我が家は娘が2人、息子が1人いるので、それぞれのパーソナリティや、似合う色、似合うアイテムを見極めはしますが、もちろん、「おさがり」も活用しています。そうして15歳くらいになったら、「ママの選んだ服はださい」などと言われるのでしょう。それはそれで、まっとうな成長の証《あかし》。「その瞬間」が、まずは数年後にくるでしょう。実は、とてもドキドキしながら、楽しみにしています。

パジャマもドレスアップも。どっちも私には必要

私はパジャマが大好きです。帰宅後、あとは休日も、ずっと着ていたいほど。きっと3人の子供たちは、私がどうしてファッションの仕事をやっていられるか不思議に思っているだろうし、夫などは、この姿をブログに載せたら？　と。

パジャマはなんてことはない、夏はリネンとコットンジャージーを組み合わせた、「ワコール」や「アマンディエ」のものを。冬は、「ジェラート・ピケ」や「ギャップボディ」のものを愛用中。とにかく柔らかな肌触りで、適度なゆとりがあり、フリルやリボンやフードのない、本当にシンプルなもの。近所のおつかいや、宅配便を取りに行くときにそのままで——は不可能な、「ザ・パジャマ」です。本当に1日着ていたいほど好きなのです！　休日、家で原稿を書くしか予定がないときなど、うっかりするとパジャマのまま夜になったりすることもあるのですが、「私もパジャマでいる～」なんて言

い出しかねない子供たちの手前、ジーンズにニット……のような簡単な組み合わせに着替えている、という感じでしょうか。

普段からとてもおしゃれで、家の中でも、軽く髪を巻いて、カジュアルなTシャツでもパールのネックレスくらいさりげなく飾って、と思ってくださっている方も多いようなのですが、いつも、「何だか悪いなあ」と思っていたので、ここではっきりと告白できてよかったです。

家の前に停めた車に、子供が忘れた靴を取りに行くときも、左右をキョロキョロ、誰もいないのを確認して、ダッシュで走って戻ってくるほど、家にいるときの私は無防備――と言えば聞こえはいいですが、無頓着《むとんちゃく》です。

自分でも、その姿と、友人の結婚式の二次会に行くなんていう土曜日の落差に驚いてしまうほど。髪がぼさぼさで、着古しているから気持ちがいい、少しよれっとしたコットンのパジャマを着ているのも私だし、ベアトップのワンピースに、髪をきゅっとひとつにまとめて、アイラインを引いて、ハイヒールを履いて出かけるのも私。どちらかだけでもダメだし、両方必要なのです。もちろん寝るときも、家でくつろぐときも素敵であるに越したことはないのですが、何だかそんなふうに適当な自分が好きなのです。

女性が目立つ——
それがカップルの正しいおしゃれ

再婚する以前は、あまり相手のファッションに興味がありませんでした。ボーイフレンドの中には、ぶかぶかのTシャツにだぼだぼのデニムを穿いた、ストリートっぽい格好の人もいたし、いつでも白のシャツにチノ素材のパンツ、という体育会系の人もいたし。でも、今の夫に会ってから、「服のセンスが合う」ということは、実は私にとってはとても大切なことなんだな、と思いました。

カップルコーディネート。いつも私はその考え方が、サルサに似ていると思います。サルサとは、南米のいくつかの国のそれぞれのダンスが、移民などによって、アメリカのニューヨークでひとつに体系化され、そこにアメリカのジャズやヒップホップなども加わってできあがったダンス。男女がペアになって踊り、基本的に男性がリードし、どんなキャリアウーマンでも、そのリードを「待つ」ことが、とても格好良いとされている。そうなると、「ダンスの上手な男性」とは、ターンのテクニックが素晴らしい、とか、正確なステップを刻める、ということではなく、「相手の女性をいかに美しく見せるか」だったりするのです。彼女の腕のラインがきれいに見える高さで手を組む、ターンがしやすいように、絶妙の間合いをとる。

これって、カップルのファッションにも言えること。女性がシンプルなブラックドレスなら、ジャケットを着る。逆にプリントのマキシワンピースなら、麻のシャツにショートパンツ——というように、女性のおしゃれとイメージを揃え、もちろん同じくらいにファッショナブルなのだけれど、一歩引いて、彼女を立ててあげる。共に歩いているときに、男性ばかりが目立ってしまうカップルは、「カップルで見たとき」にそれほど美しくない、と思うのです。

夫は、2人で出かけるとき、必ず私に「何を着る?」と聞きます。そして、1人で見たときには、ほんの少し「何かが足りないかな」というくらい地味な感じを残して、私を引き立てようとしてくれているみたいです。きっとそのスタンスって、おしゃれだけではなく、すべてのことに通じている気がして。

最近の例で言えば、私が砂色のリネンのワンピース、足元はヒールの高いサンダル。ターコイズのネックレスを胸元に飾り、そしてラフィア素材のクラッチを持って。こんなスタイリングに夫は、ネイビーのリネンのシャツに、空色のショートパンツ、そしてレザーのドライビングシューズ。ストールや中折れハットをプラスしたかったところを、あえてシンプルにまとめて、自分より私が「目立つ」ように——。これを自然とできる夫を、私はとても愛しています。

Family

「幸せな人」は
幸せになろうとする人

よく「幸せそうね」と言われます。幸せそう、ではなく幸せです。そして私を幸せにしてくれるものは、小さいけれど居心地の良い家と、――前夫との間の長女と、今の夫との長男、次女――それぞれに個性的な子供たちと、わかりやすいエリートではないけれど、度量の大きい夫と、愛してやまない仕事と。「自分」で経験し、ときに失敗しながらも、「自分」で選択してきた人生です。目が回るほど忙しいし、おそらくここ数年、1日も完全なオフはないけれど、とても幸福で、充足しています。

私の幸せの目盛はとても低く、例えば、子供たち全員が文句を言わず学校に保育園にと出かけた朝に、淹《い》れたての紅茶が1杯飲めたとか、幸せを感じるときってそんなこと。これを低く設定しておくと、毎日、自分の周りは幸せなことだらけになるはずです。そして後は、いわゆる「社会の尺度」を一度捨てること。ハッピーになるのは、自分であって、他の誰でもない。決めるのは、わかりやすい一般常識や、他の人の視点ではなく、自分なのです。「人が何と言おうと、私は私。これで幸せ」と言い切れるようになると、何と楽でストレスフリーなことか！　他人と比べたり、ないものを嘆いてみたり——そんな無駄な時間を過ごさなくてもよくなるのです。

とはいっても、以前は、人をうらやんだり、ことさらに自分を卑下してみたりと、割とネガティブだったのですが……。今から考えると、これも、やっぱりトレーニング。毎日の小さな幸せの種を見つけるように意識すれば、そのうち気づくと、自然とできるようになっていた気がします。

少し厳しく大変だった時期を経て、こんなことがわかったら、今度は、子供たちに伝える番。自分たちが思う基準で、自分たちで幸せになりなさい——これが、私と夫の教育理念です。一流と言われる大学に入ることや、お金持ちになることを幸せと思うならそれもいいけれど、「ハッピーのかたち」は、きっと数限りなくある！

それを自分で見つけていってもらえればいいな、と思います。
こんなことやあんなことを、このチャプターでは紹介しています。

家の中心は夫婦。子供は、仮住まいをしているだけ

子供は遅かれ早かれ、必ず親のもとから巣立っていくし、そうでないといけない。ご縁があって、私たち夫婦のもとにやってきた3人の子供たちは、「お預かりした、大切な命」だと思っています。0歳から、自立するその日まで、私たちのもとを巣立った後に、たくましく、そして笑顔で生きていかれるように、その術《すべ》を教える——それが、私たちの教育方針です。子供に自分たちの夢を投影する気もさらさらないし、わかりやすいエリートにもならなくたっていい、と思っています。健康な体と、まっすぐで強い心を備え、自分の夢に向かってぐんぐんと歩いていってほしい。それだけ。

だから我が家は、いつでも夫婦が三角形の頂点。いつか自立していく子供たちを前提に、部屋割りもしていなければ、私たち夫婦が「我慢していること」もありません。例えば、塾の夏期講習に大金を払うのであれば、家族全員が大好きな「旅すること」を選

ぶでしょうし、常に夕ご飯の「肉が大きい」のは、ダディなのです。そうしていれば、お母さんと子供たちがいつも密着し、お父さんはその輪からはずれて1人きり——という、家族の構図になることもないはず。そして、私たち夫婦が、いつも愛情にオープンで、楽しそう……そんな姿を見せることも、子供たちの「大人になることへの希望」になると信じています。

子供たちはいまだ、個室をもたず、3人だけで就寝し、そして勉強はリビングルームでしています。もちろん長女がもう少し大きくなったら、きっとプライバシーは必要になるとは思いますが、今はその時期ではない。年齢も性別も違う3人が、なんとなく役割分担をして、お互いをリスペクトしている様子を見るのも、何ともほほえましく、そして心強い！　見たいテレビ番組も、うまく譲り合ったりして。そうして団子のように一緒に育ち、喧嘩や仲直りを繰り返しながら、ゆっくりと大人になっていってほしい。そう思っています。

子供に嘘はご法度。自分を責めてしまうから

子供に頼まれていたことを忘れたり、ときに、疲労困憊《こんぱい》して朝寝坊してしまったり。決して決して〝優等生ママ〟とは言えない私ですが、ひとつだけ、ずっと守り通していることがあります。それは、子供に「嘘をつかない」ということ。

例えば、3歳の長女を連れて離婚したときのこと。まだ3歳。けれど、大人の言っていることはわかる年です。もちろん、幼さゆえ、理解できないことは多いかもしれないけれど。その3歳の娘に、私たち夫婦が離婚することにしたという事実、そして、その理由も。もしかしたら、当時の彼女にとっては知りたくなかったことも含まれていたかもしれないけれど、できるだけ仔細《しさい》に話をしました。決してごまかさず、美化もせず。最も避けたかったのは、娘が「この離婚は、もしかしたら私のせいかもしれない。私が悪い子だったからかもしれない」、そう思ってしまうこと……。そう、子供って、とて

もナイーヴで傷つきやすく、その〝まっさらなハート〟に囲いや壁はないから――。私から、そして前夫から噛み砕いて説明したら、「とても悲しいけれど、わかった」と言っていました。その後「ママの説明より、パパの説明のほうがわかりやすかった」とも言われましたが……。

子供が3人に増えた今でも、それは同じです。「嘘をつかない」ことは、私と夫の中の暗黙の了解。そしてそれは、特に私たち大人が、子供たちに対して――。

例えば計画していた日帰り旅行が、どちらかの仕事で中止になったときや、私と夫が喧嘩をした理由とか。そのうち、自分の場合を振り返ったって、放っておいても子供は「嘘をつく」のです。学校帰りに友達とマクドナルドに寄ったことや、テストの点数が平均点以下であることも、親にはきっと言わないでしょう。それはそれ。大切なのは、子供が、「大人は私たちには、いつも本気で嘘はない」と思うこと。疑心暗鬼になったり、真実が見えなくてストレスを抱えることもない。もちろん、親子ですから、ぶつかることも、ときに喧嘩をすることもあるとは思いますが、「嘘がない大人」は、最後にきっと信頼されるはず。だから、これからも、これだけは守り通していこう、と思っているのです。

共働き夫婦だからこそ、年に2回は家族旅行

南米を旅したいばかりに、勤めていた出版社を辞めてしまったほどの旅好き。こんなベースもありますが、子供が3人いる今でも、国内、海外含めて年に2、3回は旅をしています。異文化に触れて、おいしいものを食べて——ということも目的のひとつではあるけれど、私たちが「旅をする理由」は、実は、一緒に時間を過ごすため……だったりします。

平日は、夫は皆が起きる前に仕事に出かけて行くし、夕方は私がいないことも多い。うまい具合に夕飯は5人一緒にとれても、その後私だけ編集部へ——なんて日だってあ

ります。週末は子供たちが忙しい。習い事や、友達との約束や、学校の行事で、5人でずっと一緒に過ごすことって、実はなかなか難しいのです。夫婦で友人の結婚式に出かけるときなどは、子供たちだけ私の実家に預けられたりして——。

ただし、旅先は別。ビーチでのんびりするときも、ホテルのダイニングで食事をするときも、部屋のベッドの上で、皆でごろごろするときだって。ずっと5人は一緒で、しかも1日中ぎゅうぎゅうとくっついて過ごせる。「誰かがいない」心配も、「誰かが出かけていく」寂しさも味わわなくていい。そう、家族はすぐそこにいて、いつだって「自分を見ていてくれる」——普段はなかなかできない、そんな確認のために、旅をするのでしょう。結婚する前の気ままさや、エキサイティングな出会いや出来事は、今はもうないけれど、また別の楽しみを見つけたような気がします。

もしかしたら、長女が高校生になったり、長男が中学生になれば、1年に1回になるかもしれないけれど、家族揃って旅をする——このイベントは、できたらずっと続けたい！　そして自立して、自分の荷物を持って家を出るときに、段ボールの一番上に、何度も出かけた家族旅行の思い出を、大切にのせていってほしいと思っています。下田のキラキラした海に飛び込んだ勇気や、バリの屋台が並ぶエキゾチックな光景や、ニューヨークのブロードウェイで大笑いした記憶を。

"How to love myself"
私が子供たちに伝えたいこと

長女がまだ6歳だったとき、聞かれました。「ダディと私と理生《りお》（長男）、誰が一番好き？」。私は迷わずこう答えました。「ママは、自分が一番好き」と。これを私の友人に話すと、ほぼ全員に「どうして、『あなたよ』と言ってあげないの？」と言われます。けれど、私は娘にこう続けました。

「自分で自分を一番大好き、と言ってあげてね。だって、あなたはそのくらい素敵なんだから」

これって、実は一見無関係の「おしゃれの上達」にもつながる、とても大切なこと。まずは、顔や体形やキャラクターや、生まれた環境や……。自分の存在自体を認めてあげて、しかも「私が私でいること」を喜び、自分を愛《いと》おしむ。これが、人間の芯にある人は、生き方だってうんと楽になります。ねたみや猜疑心《さいぎしん》、虚栄心みたいな、ストレスのかたまりからフリーになれるから。嘘だ、もしくは、無理、と思う人は、毎日少しずつ自分を好きになる努力をしてください。自分で自分を愛することは、才能でも、もって生まれたものでもなく、訓練だから。夜寝る前に、「私は私のままでいいんだ」、そう語りかけてあげる。そうするといつの日か、ふっと心が楽になるから——。

私自身、今でこそ、シミだらけのデコルテだって、くるくるの癖毛だって、大きな膝だって、厚みのあるヒップだって。そして、おおざっぱで明るいけれど、少し排他的なところも。そう、外見も中身も、他の誰でもない「自分で良かった」と思えるようになったけれど、こんなふうに考えられるようになったのも、ここ5、6年。意識的に自分の良いところを探し、心の中でうんとそれを褒めてあげる。そんなことを毎日コツコツと繰り返していたら、ある日自分のアラ探しをしていない自分に気づきました。そんなふうに生きてみると、なんと楽なことか！　自分を認めれば、他人だって自然と認めてあげられるし、自分を愛せれば、周りの人だって愛せる。このハッピーなスパイラルは、やっぱり「人を呼び」「人を喜ばせ」、だからこそ、もっと「人が集まってくる」。こんな出来事が、子供たちにも起きてほしいから。私は、彼女に冒頭の答えをプレゼントしたのです。

「あなたのためよ」が一番危険。見返りを期待しないのが子育て

「あなたのために、仕事を続けるのを諦めた」

「あなたのために、良い学校を受験させた」

これって、実はとっても危険。近い将来、「あなたのために」は、「あなたのせいで」

に変わってしまうから。

実はこの原稿を書いていた、2011年の秋、3カ月間、連載以外の仕事を休みました。今まで、産休も育休も、ほとんど取らずに仕事を続けた私にとっては、ある意味大事件。私はいつ仕事がなくなるかもわからない、フリーランスのスタイリストであり、エディター。しかも夫とも話し合い、一定期間は「私のキャリアを優先させてもらう」と決めたからには、私がしばらくは家計の責任を負うという覚悟ももちろんあります。こんな状況で、しばらく休みをもらいたい、と各所に申し出るのは、少し勇気がいることだったのですが、仕事を休んででも、家にいなければならない「私なりの理由」があったのでした。それは、6歳になった長男と密な時間を過ごすため——。川遊びをしたり、海で泳いだり、キャンプをしたり……。男の子の成長に必要なダイナミックな遊びは、夫に任せきりだったのですが、あるときはたと気づいたのでした。ハサミや鉛筆を使った細かな作業や、座って本を読む。幼稚園から帰って、「その日の出来事」を順序立てて話す。そんな経験が、彼の中からすっぽりと抜け落ちていることに。そして、そうしたことが自分でも苦手だと意識しているので、自信をなくしていることに。やっぱり、ここは母親の出番です。もちろん、将来手先が器用でなければつけない仕事は選ばないかもしれないけれど、親が教えてあげなくてはいけないことを、仕事を理由に「できませんでした」とは言いたくなかったのです。一緒に手を動かし、本を読み、そしてめいっぱい褒める。そんなふうにして3カ月を過ごすと、息子には明らかな変化が。仕事をなくすかもしれない不安と引き換えに、この進化を間近で見られたことは、私にとって、かけがえのない素晴らしい経験になりました。

何としてでもキャリアを続けるのも、そして仕事を一時お休みするのも、基準は自分。相手に、理由を求めてはならない。そう、働かなくてはならない事情があるのも、休む必要があるのも、「私が決めること」だと思うのです。難しそうに聞こえるかもしれませんが、一度マインドをこんなふうにチェンジすると、子供との関係、仕事のやり方、そしてパートナーとの接し方も、とても楽になりますよ。

みんないっぺんには無理でも、子供1人1人と、たまにはデート

パワーをもて余した子供が3人。私も夫もフルタイムで働いているし、大人だって、ときには、友人と憂さ晴らしもしたい。生活すべてが、「はずせない大切なこと」ばかりで構成されている我が家のスケジュール帳は、週末まで予定でいっぱい。平日は仕事と学校、お稽古などで各々が忙しく、ウィークエンドだって、子供は子供の予定や行事、私は私で、例えば平日保護者会で仕事を休んだから、休日に撮影——なんてことだってあります。かろうじて全員の予定が合い、さあ、やっとこさ出かけました、となったたって、全員が同じ気持ちでハッピーか、というと、そんなことはない。1歳の末っ子は、家族みんなといられることで幸せそうですが、11歳の長女と6歳の長男、行きたいところのセレクションが、全く違うのです。どちらかの希望を優先すると、もう大変。1日、どちらかの文句と愚痴に付き合わなくてはいけないし……。家族旅行以外、すべてのメ

ンバーが同じくらい熱い気持ちは共有できない！　と、あるとき悟りました。

というわけで、それぞれが偏愛する場所やイベントには、平日、何かのタイミングで休みの日に——例えば運動会の代休など——各自を連れていくことにしています。一対一でデートをすると、子供たちも、やっぱり嬉しいらしく、学校で起こったあんなことやこんなこと、そして今興味のあることなどを、興奮して話してくれます。私のほうも、「あれ、お姉ちゃんはつまらなそうだな」……などといった心配からも解放されて、子供と真正面から向き合えるような気がするのです。行く場所はもちろん、どんな「ランチをする」のか、そして息子に至っては、どんな路線を組み合わせて目的地に行くのかまで、子供の希望をとにかく優先。

子供にとって楽しい日なだけではなく、これは、普段忙しい「働くお母さん」にも、大切で大好きな時間なのです。

子供はゆっくり育てたい。子供時代は短いのだから

夫がベネズエラ人で、私が日本人。前夫との間にできた長女と私を除いて、夫は米国籍を含む2つの国籍、長男と次女は日本を入れると3つの国籍をもっています。長女は、もし彼女が成年に達して、本人が必要だと言ったらグリーンカードは取得できるし、私も望めば申請できる。今は特に不便を感じないので、そのままです。というのも、私と夫の一致した意見で、子供たち全員、義務教育は日本で受けさせたい、と思っているから。

理由のひとつは、私たちの仕事が……などの大人の事情ではなく、子供たちの教育環境を考えて――。ベネズエラで高校まで、そして大学、大学院とアメリカで過ごした夫は、日本の教育システムは素晴らしい、と力説します。カリキュラムや教科書の質、授業の内容ではなく、「子供が子供でいられる時間が長い」ことが、他の国には見られな

いことらしいのです。南米やアメリカでは、本人も周囲も、13歳くらいになると「もう大人である」と認識し、特に女の子は、中身は全く大人になりきっていないのに、頭は勝手に子供時代を卒業してしまう。これって、自立とは違う、少し危険でもったいないことだ、と夫は言います。私もこれには同感。どうせいつかは大人になるのだから、そんなに早まらなくてもいい。無邪気で、未熟で透明な、子供のときにしかもてない楽しみや経験をたくさんしてほしい。こんなふうに私たちは考えるのです。

ひとつエピソードを紹介しましょう。長女が10歳になった冬、あまりおしゃれに興味を示さなかった彼女が言いました。「ヒールが高いブーツが欲しい」。普段、どちらかと言うと彼女の自主性に任せていた私も夫も大反対。子供は子供らしく、が一番可愛い。素朴なコットンのトレーナーや、遊んでも遊んでも気にならないジーンズやチノパンツがいいに決まってる。そして、それが一番似合うのです。しかも、ヒールのある靴を履いていたら、何かあったときに、走って逃げられない！　そう言うと、あっという間に彼女は納得し、足にぴたりと合ったスニーカーで外に飛び出していきました。これは長女の例ですが、他の2人も同じです。

卵から幼虫、さなぎになり、そして蝶になる――こんな自然界と同じ流れにゆったりと身を任せて、外見も内面も同じ速度で大人になっていってほしい、そんなふうに思います。

家族が健康であること。幸福の共働きのルールです

予防接種や健診以外、病院にはほとんど行きません。去年と今年を見てみても、私が次女を出産したときと、長男の歯の治療で行ったくらいでしょうか。前のページでも書きましたが、健《すこ》やかな体と心を残すことこそが、親の役割と思っているので、健康管理や食事には細大気をつけていますが、「学校からの急な呼び出し」をできる限り避けたい――という理由もあります。私たちのような共働きの夫婦の場合、この連絡ほど恐怖

の電話はありません……。大切な撮影の最中だって、子供が熱を出していたら、当然迎えに行かなくてはなりません。けれど、まだすべての撮影を終えていないのに帰ることだってできないのです。

というわけで、私たちが、できる限り仕事に穴を開けないために心がけていること。日々の食事に気をつけることは当然、後は「熱を出しやすい」時期を把握することってとても大切。我が家の場合は、長女はほぼありませんが、6歳の長男と1歳の次女は、夏が秋に変わる9月と、ちょうど冬の只中、2月に軽い風邪を引くことが多いようです。やはり気温の急激な変化や、暑さや寒さに疲れた頃、熱を出すのです。ただし、心づもりがあるかないかで、こちらも慌てずにすみます。

そして、万が一具合が悪くなっても、早く治すこと。たいてい、1日か2日で熱は下がるので、基本的には病院に行きません。熱が出るということは、体の中で、細胞が「病気のもと」と闘ってくれているということ。それを応援して、早く「勝って」ほしいので、解熱剤はいらないし、悪い菌を体外に出してくれる鼻水も薬で止めることは理に適《かな》っていないと思うのです。もちろん、それ以上長引いたらお医者様に相談しますが、のどの痛みにはかりん湯、熱の場合は滋養たっぷりのおかゆとたくさんの水分で治ってしまうことがほとんどです。熱が下がって、さらに次の日もできたら家でゆっくり様子を見れば、ぶり返すこともない――というのは、最近気づきましたが。

そして最後に、子供の様子に常に敏感であること。寝る前に顔が赤かったり、手が熱かったり、目がとろんとしていたら、それがサイン。この場合、仕事が入っていないならいいのですが、立て込んでいるときは、次の日のフォローを夫、近くに住む両親（このヘルプがないとにっちもさっちもいかないので、住所を、都心からは離れた今の場所に決めたのですが）、それでもだめなら、無駄になってもいいのでベビーシッターさんにお願いします。もしかしたら、次の日けろっとしているかもしれないので、もったいないと言えばそうですが、私にとっては必要経費。「仕事をつつがなく終わらせられる」と信頼して、フリーランスの私に仕事を発注してくださっている雑誌やクライアントには、「子供が病気で今日は行かれません」と言いたくないから。

仕事をひとつひとつ引き受けるときに、「今月は子供が熱を出しやすい月かな？」と考えるのも、今年でもう12年目になります。

体が成長するこの時期は、「居酒屋メニュー」を

ある日の我が家の、夕食のメニュー。筑前煮と魚の塩焼き。昆布と豆の煮物に、青菜のお浸し。玄米を混ぜたご飯と、豚汁。そう、新橋の居酒屋メニュー。外国人の夫も、子供たちもみんな同じものを頂きます。もちろん、夫婦共働きなので、外食をすることもあります。ただ、家で食事をするときは、基本的に、大体こんな感じ。

正直、料理はあまり好きではないし、それほど得意だとも思いません。ただ、この食事は「生きるため」。こう言うと、少し大げさに聞こえるかもしれませんが、人間の口から入るものは、ダイレクトにその人の血や肉となり、さらに健やかな心までも作っていく。おやつまで手作りしてくれた母から、このことは自然と学んだので、洗濯物を3日溜めても、食事には気を配るのです。そうしてできあがった、子供の体と心は、その子の一生の財産になる。「子供には、お金を残すより、強い体と心を」スローガンは、

こんな感じです。

そんなわけで、カレーライスやパスタ、ハンバーグなどは、ほとんど食卓には上がりません。こうしたメニューは、こちらがテーブルにのせなくても、いつかきっと「こればかりを食べる時期」がくるはず。栄養バランスで言えば、もちろん、「居酒屋メニュー」のほうがいいに決まっていますが、子供が大人になる過程で、こうした経験だって否定できない。例えば、高校生になって、クラブ活動が終わった後に、皆で寄ったファミリーレストランで食べる場合もあるでしょうし、大学生になって、レストランでバイトをした後、そこでの賄いで頂くかもしれない。だからこそ、皆揃って食事ができる今のうちに、そして、体がぐんぐんと成長するこの時期に、「居酒屋メニュー」なのです。

ただし、1カ月に一度くらいは、パスタやカレーライスも食べているようです。「ようです」というのは、私が遅くなる日、しかも作り置きもなかったりする日、夫が、子供たちのリクエストを聞いて作っているみたい。実は、その日を子供たちも心待ちにしていたりして……。それはそれでいいかな、と思っています。

朝食にスープはマスト。前日の夜、仕込みます

共働きの私たち。私は仕事柄、帰りが遅くなることもあるので、そんなときは、夫に子供たちの食事、お風呂、そして寝かしつけまでお願いしています。逆に、早朝ロケの日以外は、朝は私の担当。6時前に起床し、3人の子供の食事とお弁当の用意をし、上2人をそれぞれ送り出し、そして9時に末っ子を保育園に送ってから、仕事に出かける――これが日常です。もちろん、家の中はバタバタ！　子供たちはのんびりしていますが、私はもう、狭い家の中を走っています。

こんな毎日ながら、やっぱり大切にしているのが食事。私自身しっかりと朝ご飯を食べてから出かけないと、力が出ないので、全員朝食をしっかりとってから出かけます。もちろん、そんなに手の込んだものは作れないので、前日の仕込みが必須。ご飯が5時に炊き上がるようにセットし、そしてもうひとつ。スープを仕込んでおきます。もちろ

ん味噌汁や豚汁の場合もありますが、中華スープや野菜スープなども。夏でも同じ。葉野菜や根菜、お肉や貝、海藻、豆腐など――具だくさんの温かなスープとご飯があれば、それだけでごちそう。エネルギーはチャージできます。

今日はパンで、明日はご飯……。と、メニューを考え出すと、おそらくもう1時間早く起きないといけないけれど、スープなら、バリエーションも豊か。毎日違う種類のスープなら、子供たちも、喜んで食べてくれます。しかも、冷蔵庫の中の、少し残った大根や、今日で消費期限が切れるお肉なども、全部使い切ることができるので、とても経済的です！

スープの簡単レシピ

①レタスの豆乳スープ

最近夫のお気に入りリストに加わったのが、このスープです。まずにんにくを半かけくらいみじん切りにし、熱した鍋にサラダ油を垂らして炒める。そこに、缶詰めのホタテ貝柱（〝ほぐし〟は、安くておすすめです）を、スープごと入れる。少し煮立ったら、少し塩をふり、水を足す。家族の人数や好みにもよりますが、私はできあがり量の半分くらいを。そうして、ひと口大に切っておいたレタスを入れ、沸騰するのを待つ。その間1分くらいでしょうか。鶏がらスープを好みの量入れ、醤油などもお好みで。そして最後に無調整の豆乳をたっぷり。すぐに沸騰してしまうので、少し弱火でコトコトさせたら、できあがり。仕上げにごま油をまわしかけると風味が出て、おいしいです。

②たくさんきのこの中華スープ

熱した鍋に、サラダ油を垂らし、にんにく半かけくらいをみじん切りにして炒めます。香りが立ってきた頃に、冷蔵庫に余っているきのこ類を好みの大きさに切って炒めます。鍋料理の残りのえのきや、バター炒めをしようと思っていたエリンギ、しめじ、しいたけなどなんでも。そしてきのこがしんなりしたら、水を投入。湯気が出てきたら、中華スープの素を好みで入れ、酒、醤油も少々。そして生の青のり（なければ乾燥）を細かくちぎって入れ、沸騰する直前に火をとめて、水で溶いた片栗粉を入れる。最後に白髪ねぎを飾ってできあがりです。

味噌や醤油。「ＭＹ定番」を決めています

3人の、常に腹ペコの子供たち。「食が細くて……」という悩みは、どの子にももったことがないのは幸せなのですが。朝はまだしも、仕事から帰宅した後の食事の用意は、それはもう時間との闘い。あまり作り置きが好きではなく、その日に「食べたいものを食べたい」食いしん坊の私は、冷蔵庫の中身を思い浮かべ、そして買い足すものを、仕事の合間や帰宅途中にピックアップします。そうして帰宅するやいなや、着替えをすませ、手を洗い、超特急で食事の準備にとりかかる。正直に言って、料理がストレス解消になるわけではなく、きっとそんなに特別好きではないみたいだけれど、おいしいものは食べたい、という欲求と、子供たちに栄養を——という一念に動かされているのです。けれど、料理している間は、テレビも見ないし、電話にも出ないので、意外に気分転換にはなっているのかもしれませんね。

短時間で1品仕上がるタジン鍋や、ル・クルーゼなど、ツールを揃えるのはもちろん、もうひとつ工夫しているのが、調味料。母や友人から教えてもらった、数年使いつづけている、醤油や味噌やみりんに、鶏がらスープの素。和食がほとんどの我が家で、味噌や醤油をきらすと、大げさでなく死活問題なので、必ずひとつかふたつは余分にストックしています。そうしていつもキッチンにある「同じ調味料」は、何よりも私の強い味方になってくれるのです。

5人分を作る煮物に必要な醤油やみりんの量は、量らなくても間違えないし、味噌だって、もちろん目分量で、しかも1回スプーンですくえば、いつもと同じ味が再現できる。これが、調味料がきれるたびに、その都度違うメーカーの、違うものを買っていたら、毎回味見と計量に時間をとられ、そのうちきっと子供たちは大声を出すか、もしくは泣き出してしまう。考えうる限りの短時間で、失敗せずに仕上がる——これって、私にとってはとても大切なのです。

こうして書いていると、何だか、やむにやまれず、今使っている調味料に決定したかのように思えるかもしれませんが、もちろんおいしく、そして安全なものだから、使いつづけていることを付け加えておきますね。そうして、毎日の食事の味が、家庭の幸せの記憶として、子供たちにずっと残ってくれたらいいな、とも思っているのです。

〈調味料〉

マギー　化学調味料無添加コンソメ

ユウキ食品　化学調味料無添加のガラスープ（顆粒）

平和食品工業　鶏がらスープ（化学調味料無添加）

チョーコー　有機醤油使用　京風だしの素　うすいろ（化学調味料無添加）

※すべて、大きめのスーパーで簡単に手に入るものです。

朝の不測の事態は当たり前。「想像できるすべてのこと」は前日の夜に

朝食をご紹介したページでも触れましたが、仕事に出かける3時間前に起きたって、すべてのことは終わらない。そのくらい、朝の我が家は、てんやわんやの大騒ぎ。のんびりと支度をする長男を、やっと送り出そうと思った瞬間、末っ子が飲んでいた水を服にこぼしてしまったり……。こんなことはしょっちゅうです。というわけで、次の日の用意は、必ず前日の夜に。

子供が学校に着ていく服や制服は、リビングにセット。もたせる手紙なども、それぞれのカバンの上に。もちろん、私が着ていく服や下着、靴やバッグ、そしてバッグの中身なども用意しておきます。こうしていたって、必ず不測の事態が起きる！「予想できること」はすべて、終わらせておいて、やっとこさ、起床から3時間で家を出られるのです。

もちろん、疲れ果てて、夜は一刻も早くベッドに入りたいのですが、これをしないでいると、結局「私の準備」の時間はなくなる。大好きなセレクトショップのレセプションに行く予定がある日なのに、時間がなくて、何だかイマイチなコーディネートで出かけてしまったり、お気に入りのワンピースに合わせたかったタイツがどうしても見当たらなかったり……。こんなふうに納得がいかないおしゃれは、眠さと闘いながらの夜の準備よりも、シリアスなストレスになるので、私なりのルールができあがったのでした。もちろん、明け方までコーディネートをしていた日や、撮影後にスタッフとディナーに出かけて夜遅く帰宅した日は、ベッドに直行してしまうことも。当然翌朝は、「朝寝坊をした日用のワンピース」に、ほぼノーメイクで家を飛び出すことになる——まあ、そんな日もあります……。

前日のCHECK POINT
——子供

●天気予報をチェックする

●長女の服を用意（靴下まで）
●次女の服を用意（靴下まで）
●長男の制服を用意（靴下まで）
●長女、長男の宿題をチェック
●次女の保育園のバッグを用意
●長男の学校の連絡ノートを記入
●次女の保育園の連絡ノートを記入
●それぞれの荷物、帽子を玄関先に用意

──私

●靴を決める
●次の日のコーディネートを出しておく
（タイツやソックス、下着やキャミソールまで）
●必要であればアイロンをかけておく

●サングラスなどの小物を玄関先に用意
●夜の入浴後、髪を乾かし、軽く巻いておく
●バッグの中身をセット
（スケジュール帳、ノート、デジタルカメラ、それぞれの雑誌の企画書、歯ブラシ、読みかけの本など）
●翌日の朝食のスープがあるか、ご飯がセットされているか確認

「いつでも誰かの視線」を意識できる。そんな人になってほしい

私が大好きな作家、向田邦子さんのエッセイの中に、「たとえ1人の食事でも、箸置きをセットし、美しい器を使いたい」というようなくだりがありました。この一文は、

今でも私の中で大きな戒めであり、折に触れて子供たちにも伝えるようにしています。

例えば、11歳になり、ティーンネイジャー一歩手前の娘には、「電車の中での化粧」のことを。確かな理由はきちんと説明できないのですが、私が最も嫌いなことのひとつ。どうして、電車の中でメイクアップできるのでしょう……。大体がうっすらと汚れたポーチの中に、ブラシからビューラーからすべてを詰め込んで、わき目も振らずメイクする。美しくなるどころか、「私はだらしない人間です」と、公に告知しているようなもの。10分早く起きれば済むことなのに……。口をすぼめて、目をむいて化粧をする姿は、お世辞にも美しいとは言えません。隣の席の人にちらりと見られる視線をも完全に無視して、自分の世界に入り込む姿は、滑稽と言ってもいい。彼女たちにとって、他人の視線はどうでもいいのです。もしかしたら自分が好きな人や、恋人の前ではしないのかもしれませんが、他の小さなことにも、――例えばこっそりと、ガムの包み紙を道に捨てるとか――間違いなくその人の品格は、ふとしたときに行動に表れる。そんな場面に出くわすたびに、いつも長女に言うのです。「誰かの視線をいつでも意識しないと、女性はどんどんだらしなくなる」と。すると、彼女は必ず言います。

「大丈夫。わかってるから！　ダディはいつも言うよ。ああやって、電車の中で化粧をしている人に、美人は絶対いないって」

夫の言い方もどうかとは思いますが、両親から言われつづけた彼女は、きっと電車の中で化粧はしないはず。学校の勉強も大切ですが、私は彼女の心に、こんな小さくて大切な「誰かの視線」がインプットされ、1人でいても「恥ずかしくてできないこと」がたくさんあればいいな、と思うのです。

パートナー選び。3つの「譲れないこと」だけ意識する

「2度目の正直」なので、偉そうなことは言えないのですが、今の夫はソウルメイト。この人以上に私を愛してくれる人はいない、と確信しています。もちろん、私も彼以上

に愛せる人はいないと思っていますが。この関係の上になりたつ結婚、そして家族の、なんと居心地のいいことか！　ストレスからも疑心や駆け引きからもフリーになり、そのことは、一見関係ない仕事や友人関係にも、とてもポジティブな影響をもたらします。

よく独身の友人に聞かれます。「どうしたら、運命の人を見つけられるの？」。いつも私は答えます。「3つだけ。3つだけ、どうしても譲れない条件を考えてみて」。3つ以下でも、3つ以上でもダメ。3つ。

私の場合。
1. 子供が何人いようと、一生私を「女性」として見てくれる
2. 私を「働かせてくれる」
3. 前夫との長女に、責任と愛情をもってくれる
この3つだけ。私の「譲れない条件」の中には、相手の年収や肩書はありませんし、国籍はもちろん、背の高さなども入っていません。ただし、人によっては、3つの条件の中に具体的な資産の数字が入っていたって、いいと思います。その代わり、3つより他のことを求めないこと。自分だって、相手からの3つくらいの希望は努力で叶えてあ

げられるかもしれない。けれど、それが5つ、10……になったら、それは「無理をしている」ということ。もしかしたら、「欲張り」で「身の程知らず」というのかもしれません。そして何十年も自分の人生を生きている大人の男性を、「変えよう」としないことが賢明です。

この3という数字に納得してからは、相手に求めすぎないようになりました。私の最も大切なことを3つも、彼は常に守っていてくれる。それで十分、というかとても幸せ――と思えるようになったのです。

「いつか王子様が私を探し出してくれるはず」「この人よりも、私にぴったりの人がいるはず」

もしあなたがこう思いつづけているのだとしたら、それは残念ながら相手も全く同じことを思っている――と考えたほうがいいでしょう。

夜は同じ時間にベッドに入る。それが私たち夫婦のルール

夜、子供が寝静まった後に原稿を書くことが多いのですが、どうやら、夫は私の仕事が終わるのをさりげなく待っているらしい――実は長い間、気づかなかったのです……。ちょっと遅くまでかかりそうだな、なんていう日は、「先に寝たら？」と声をかけるようにしていたのですが、本を読んだり新聞をめくったり、ＤＶＤを観たりして。「あれ？　私が終わるのを待っている？」と思ったので、ある日聞いてみると、案の定そうでした。気づかない私も、かなり鈍感ですが。

彼曰《いわ》く「昼間はお互い働いていて、週末だって君が撮影やイベントで出かけることもある。一緒にいる時間は努力して作らないと」とのこと。確かに、共働きで子供が３人いたら、パートナーとの時間は、１日のうち実はほんの少しだったりします。そしてそれは、何の努力もなしに、そのあたりに転がっているものではなく、意識しないと「作

れない」ものなのです。

そんなふうに気づいてからは、夜は極力仕事をしないようにしています。もちろん、お尻に火がついている締め切り間際のときは別ですが。子供たちをやっとこさ寝かしつけ、ソファに座る。そして、ずっと飲みたかったワインを飲んだり、なんてことはない、アメリカのテレビのショウを見たりする。合間に、次の旅行はどこに行く？　末っ子の幼稚園はどこがいいかしら？　なんてことを話しながら。そうして、「時間を共有して」から、同じ時間に眠りに就くのです。原稿に充《あ》てる時間は、朝1時間早く起きる、もしくは仕事やプライベートの約束をコントロールして、できるだけ原稿書きに専念できる日を作る――そんな努力をすることで、ねん出できるものだと気づきました。そう、実は時間の使い方も上手になったりして。

お互いの誕生日には2人でお出かけ

誕生日は当然毎年やってくるので、お互いに贈る誕生日プレゼントは、けっこうあっさりしています。なんてことはないシンプルなセーターや、新作の香水や。スペシャルなギフトはないけれど、必ずドレスアップして、2人きりでお祝いする日をセッティングするようにしています。

3人の子供たちと囲む毎日の食卓は、それはもう賑やか。11歳の長女が、好きなテレビ番組を早く見ようと（食事中のテレビが禁止のため）するあまり、とにかく早く食べようとするのをたしなめたり、6歳の長男は、目を離すと、こっそり野菜を残そうとしてみたり、当然1歳の次女はものすごい食欲で、こちらの食事のサービングが少しでも遅いと、騒ぎ立てる——というように。ゆっくりと夫婦で話すことなど不可能で、お互い担当を決めて、子供たちを注意したり、その日あったことを聞いてあげたり……。そうして、時間をかけて楽しむ、というより、日々の「義務」として、何だか慌ただしく過ぎていくのが現実。

だからこそ、お互いがお互いを引き立て合うおしゃれをし、きちんとしたレストラン（当然、子供連れでは行かれないような）を予約し、おいしいお酒を飲みながら、ゆっくり食事をする。これが、私たちにとっては最高のギフト。普段は、食事中に視線を夫に留《とど》めておくのも無理なので、この日はたくさんおしゃべりをしたり、バースディカードを交換したりして、何だか恋人同士に戻ったように——。もちろんそれは数時間のことなのだけれど、私たちには絶対に欠かせない時間。子供たちをまとめて預かってくれる両親も、その大切さは理解してくれていて、子供の面倒を見ることが、彼らから私たちへの誕生日プレゼントだと思ってくれているようです。とても有難い、幸せなギフト。

その年に行ったレストランは、私たちにとってとてもスペシャルなものになり。そして長男が生まれたり、長女が学校に行き始めたり、次女が生まれたり——と、夫からもらうその年の大きなイベントに触れた温かなメッセージは、お気に入りのレストランのリストと共に、スウィートな記憶として少しずつ積み重なっていく。失くしたり壊れたりしない、こんな思い出を、自分が生まれた日を祝う贈り物として贈り合える幸せ、これ以上のものはいらないのです。

育てるのではなく一緒に「育っていく」のです

子供が3人もいて仕事をしているからか、よくこう言われます。

「お子さんがいらっしゃるのに、どうしたら、そんなに働けるのでしょう?」

私はここで、一瞬言葉をなくしてしまう。きっと、「ポカン」とした顔をしているのだと思います。我が家の場合、子供が増えれば増えるほど、「生きていくために」働かなくてはいけないんだけどな……。そう正直に話しても、なかなか真剣に取り合ってはくれないのですが、事実、子供が増えるたびに、仕事の量は増え、もちろん実際問題、家でケアする人数も増えているわけなので、私のキャパシティは少しずつですが大きくなっているみたいです。きっとこれにはいろいろな考え方があるし、誰の意見が正しくて、そして間違っている——とも言えないのですが。

生まれたばかりの赤ちゃんから、寝返りが打てるようになって、ハイハイをして歩き出す。そうこうしていると、小学校に入学して、年を経るごとに感情も複雑になったりして。それまでは手助けが必要だったことが、どんどん1人でできるようになって、ふと気づくと、私の肩くらいに子供の目の位置があって、とても驚いたことも。子供たちは、それぞれのスピードで、日々確かに成長して、ぐんぐん前に進んでいっています。そんな大きな可能性をもった「人間」のそばにいると、私も少しずつでも前進しなければいけない、と思うのです。それがどんなことでもいいと思うのですが、成長する手段が、私の場合仕事——なのかもしれません。

どうしてこんなことを書くのかというと、子供との関わりは人それぞれでよく、そしてそのほとんどが、きっと正しいんだ、と言いたいからです。ベストセラーの育児本がすべての子供にあてはまるとは思えないし、兄妹の中でだって、個性は違う。それぞれが信じたやり方で、子供を見守り、そしてそばにいてやればいい。自分は親なのだから、完璧でいなければ、なあんて思わなくてもいい。

子供は「育てる」のではなく、親と一緒に「育っていくもの」なんだから。

と、実は私は常に自分に言い聞かせているのですが。

Beauty

「美しい人」は美しくなろうとする人

体形も顔立ちも、基本的に「自分のもちもの」に満足するように心がけているので、美容整形には興味がないし、もともと実年齢よりもかなり年上に見られる顔立ちゆえ、アンチエイジングもどうでもいい。日焼けすることが何よりも大好きなので、美白派ではないし、お借りした服を扱う私たちは、ファンデーションや口紅で汚してしまうことが怖くて、メイクもほとんどしない……。「そんな私が、美容について書いていいのでしょうか?」と編集者に問うと、「詳しい人はたくさんいるので、逆に、そのこだわりのなさを書いてください」……。こだわっていないわけではないのですが、新製品やスキンケア法など、インフォメーションがあまりに多すぎて、ついていけないのです。

というわけで、もう一度言いたいのは、若く見せるとか、誰よりも白い肌でいたい——という願望は皆無だ、ということ。服の素材にこだわるように、私にとって一番大切なのは、肌や髪の質感。シワの有無や、毛穴が見える見えない、もしくは最新のカラーパレットを使ったメイク——ということは、全く重要ではないのです。素肌を感じさせるナチュラルな肌感、そして大好きなリネンやレザーといった服の素材ときれいにつながる、軽やかな髪の表情。これが私にとって最も必要な美容で、基本的に肌や髪が健康で、心地よければ、「良し」としています。きっと、この自分だけの基準って、誰でもなく、自分にしか決められないことなので、これをしっかりもつことが大切だと思います。

スキンケアだけでなく、手をかけるべきパート、そしてヌケを作るべきディテール、または美しさのあり方など——私なりのセオリーはあるので、それをご紹介させていただきたいと思います。

美しさのピークを、60歳に設定する

22歳で大学のミスコンで優勝した女性と、同窓会で、その若さと美しさに驚かれる60歳の女性。私なら、絶対に後者を選ぶでしょう。そりゃあ、もちろん20代前半から60代まで、ずっと華やかできれいでいられるなら別だけれど、それはきっと、稀代の女優でも無理。だって、「美しい人」というのは、生まれもった顔の造作だけでは作られないから。

どうやって生きてきたかを物語る柔らかな笑顔や、温かみと知性のある話し方。引き算と足し算を巧みに駆使して施した、ナチュラルで自信のあるメイク。そして、きっと成熟の域に達したその人のおしゃれ。そのすべてがないまぜとなって、「美しい人」をかたちづくる。

そして、これは、絶対に20代の「若いお嬢さん」には無理。このことに気づいたのは、私が35歳を超えたときでしょうか？　主婦だとか、シングルだとか、子供がいるとかいないとか。そういうことは関係なく、この年齢が、女性の分岐点。ここで立ち止まらず、美しさや女っぷりを積み上げていくことができた人だけが、「死ぬまできれい」でいられるのです。

おしゃれもメイクも、そして生き方も――スタートラインに立てたことを20代で喜び、たくさんのトライ&エラーを繰り返す。そして30代で、しっかりとした自分の土台を作り、そうして少し安心する。40代でそれに甘んじることなく、もう一度初心に返り、新しい挑戦をする。50代は、自信をもって、すべてのスキルを「詰めていく」。ここまできちんとこうしたステップを踏んでいれば、60代に、美しさのピークを迎えることができると思うのです。そして後は、「美しい私」を楽しんでいけばいい！　こう考えられるようになったら、生きることがとても「楽」に、そして「楽しく」なりました。だって、その道のりは決して短くなく、十分な時間があるから――。60歳で行く同窓会で、「自分史上」最も美しくあるために、私は、これから挑戦の40代を迎えます。あと20年、焦らず、ゆっくりと歩いていこうと思っています。

肌は「アイテムのひとつ」と考える

コーディネートをするときに、ジャケットとボトムのバランスや、インナーとアクセサリーの色みを揃えることはするけれど、「肌をどうするか」は意外と忘れ去られていることが多い。肌は、コートやシャツ、ワンピースや靴……といったアイテムと同じ。しかも、全身に占める割合はけっこう大きいのです。夏はもちろん、重衣料が増える冬は、面積こそ少なくなりますが、首やデコルテ、手首や足首の肌の存在感は、間違いなくその人のスタイリングに大きな力をもってきます。肌を着こなしにどう生かすのか――という計算なくしては、おしゃれにはなれない！　とは言っても、難しいことではありません。

これは今までの著書の中でも何度も言っていますが、まずは、「私の肌」を焼くのか焼かないのか決めること。どちらがいいとか悪いとかではなく、これは、服の色や素材を吟味するのと同じこと。日本人特有の湿度を帯びた柔らかな白肌と、迫力を増したテラコッタ肌では、似合う素材も色も違う。例えば、私は年中日焼けをしている後者で、砂色のリネンはものすごく似合うけれど、黒のシルクは似合わない……というように。

まずは自分が目指す肌色を認識し、その次には、肌を服に溶け込ませるのか、際立たせるのかを考えます。私は、肌の露出が多くなる夏は溶け込ませるコーディネート。ベージュやオフホワイト、淡いカーキといった「肌とつながる」色、そしてコットンやリネンといった「肌とつながる」素材でスタイルを組み立てるのです。逆に冬は、少量の肌を引き立てる、目立たせる着こなし。ネイビーのカシミヤのニットの袖からのぞく瑞《みず》しい肌、チャコールグレーのフラノのパンツの裾からちらりと見える新鮮な肌は、重たくなりがちな冬のコーディネートを、うんと華やかにしてくれます。

毎日のコーディネートを、肌をどうするか――も忘れずに組み立ててください。服を新調しなくても、昨日と何かが違う、どこかあか抜けた。そう実感するはずです。

顔以上に保湿！体はいつもつやつやに

肌は、おしゃれに必要なアイテムのひとつと言いましたが、もちろんそれは、つやつやと潤ってこそ。カシミヤのふんわりと空気を含んだ柔らかな素材感や、シルクのしっとりとした官能的な手触り、そして、リネンの、素朴で強い感触と同じくらい、いえ、ときにそれ以上の存在感を放つのが、女性の肌。顔とつながる首はもちろん、脚、そして手首や腕、背中だって、常にケアをして肌本来の生っぽさをキープしないといけないのです。

正直、メイクやスキンケアは、本当に最小限のことしかしていない私ですが、ボディの保湿は、さまざまな方法を試し、いくつものプロダクツを使ってみました。そうしてわかったのが、とにかく大切なのは、こまめにボディクリームを塗ること。夏は入浴後、そして乾燥がひどくなる冬は、入浴後と、朝、出かける前に必ず。そんなに大変なことではないんですよ。顔にローションの後、乳液や美容液を塗るのと同じこと。習慣にすればいいのです。私は、ボディクリームを、下着の入った引き出しに入れ、すぐに手を伸ばせるようにしています。おすすめは、ドラッグストアやコンビニでも買える、ニベアのボディクリーム（しっとりタイプ）。こっくりしているのにべたつかず、匂いもないので、その後服を着て、香水をつけて出かけるときにも「邪魔」になりません。

上質な肌をキープしておけば、いつでも「肌をファッションアイテムのひとつ」として活用できるのです。

肌、髪、爪。「すべてキレイ」はトゥーマッチ

何も、「構わないほうがいい」と言っているわけではありません。言いたいのはバラ

ンス。肌、髪、爪――女性特有の、艶っぽいディテールを、すべてパーフェクトに整えることは、どこか人工的な、もっと言うなら、「現実感のない人」を演出するから、気をつけたほうがいいと思うのです。もちろん、これはそれぞれの好みなのですが、私は、次のような女性には違和感を覚えます。毛穴ひとつも許さない、といった感じの、白くて平たい肌。メイクも完璧で、ヘアは艶やかでふんわりと巻かれていて、爪だって、ものすごい手の込んだアートが施されている――そう、砂糖菓子のような女性。着こなしで言うなら、全身が淡い甘い色で、レースやリボンがふんだんに使われたスタイル。ファッションも、どこかに「はずし」や「遊び」、「リラックスした感じ」を入れようと心がけている私にとっては、「ヌケ」がなさすぎる！

当然、肌も髪も爪も、それぞれのコンディションは整えておかないといけないのですが、やり過ぎは、その人の印象よりも、そうしたディテールの「隙《すき》のなさ」だけを際立ててしまうと思うのです。

撮影のときはもちろん、服や小物を、そのページのテーマに合わせて組み合わせるコーディネートなど――私たちの仕事は、とにかく服を扱います。お借りした大切なものに口紅をつけてはいけないので、普段は口紅やグロスは塗りません。ファンデーションも最小限だけ。ヘアも、動きやすさを考えてまとめることが多いので、爪だけは、とことん女性らしく。短くは整えていますが、季節を問わず、真っ赤なネイル。この情熱的で女度の高い色が、その印象のまま人に伝わることがないのは、先に述べた、「あっさり」したヘアとメイクがあるからなのです。

女性性、わかりやすく言うとフェロモンを宿すディテールを、一度「引いた目」で考える。どんどん足して「盛って」いくのではなく、マイナスしてみる。そうすることで、ディテールだけが浮くことなく、その人のキャラクターやおしゃれに、きれいに溶け込んでくれるのです。

エステに行く時間はないけれど、歯のホワイトニングは欠かさずに

何度も申し上げますが、もともと自分の肌には、それほど思い入れがありません。こう言うと誤解を受けますが、生まれつききめが細かいとか、透けるように白いとか——そういう褒め言葉とは無縁の肌質である上に、無類の日焼け好き。もちろん、大切な自分のもちものを慈しみ、手をかけますが、肌に残るシミやシワのために、エステには行きません。定期的に通う時間がないのが大きな理由ですが、私にとってのプライオリティが他にあるから。それは例えば、歯のケアだったりするのですが。

「私にとってのアピールポイント」、それが、どこにあるか意識したことがありますか？ 例えば先に挙げたきめの細かい肌の場合もあれば、深い黒の、長い睫毛かもしれない。私にとっては、そのいずれでもなく、大きく笑う、その表情。目尻のシワも気にしない、その笑顔は、嬉しいことに人からも褒められるし、自分でも絶対に大切にした

いもの。時間や予算が限られているのなら、その数少ない美点を生かすためのケアをするべきだと思っています。

というわけで、エステに行く時間やお金はなくても、歯のホワイトニングは必須。わはは、と大きく笑う人生でいたいし、そんなシーンがたくさんあればあるだけいい。その準備は、「白い歯」をキープすることで、完了するのです。そしてもちろん、女性に必要な清潔感を、正直、素肌だけでアピールするのは難しいけれど、歯の力を借りれば可能。そんなわけで、ホワイトニングに通って、もう7年くらいになります。すべてにまんべんなく手をかけるのは無理でも、どこかひとつ――ならできるのではないでしょうか？

好きなパートに、とことん手をかける

ふくらはぎでも、肩でも、もしくはウエストでもいい。自分が好きな、最もお気に入りのパートを見つけましょう。それも、漠然とふくらはぎ――ではなく、例えば、ヒールを履いたときにできる、ふくらはぎからかかとにかけてのすんなりとした筋。例えば、横から見たときの、ウエストからヒップにかけてのまろやかなライン。こんなふうに、できるだけ細かく。そのパートを、とにかく愛情をかけて磨きつづけることが大切です。

私の場合は、首から肩先にかけてのシルエット。しなやかな、なぜかここだけ贅肉のつかないパートが大好き。もちろん、大きな膝も、少しO脚気味のふくらはぎも、短い腕も、小さすぎる手のひらも「イヤだなあ」と思ってはいるけれど、ここを好きになるように努力をするよりも、愛おしい私のお気に入りをとことん愛してあげるほうが、よっぽど建設的でポジティブだと思うのです。しかも、簡単だし！

首から肩にかけては、厚いアウターに隠れることが多い冬の間でも、必ず1週間に1回はスクラブをし、そして丁寧にボディクリームを塗ってあげる。1年中いつでも、ケアを怠らなかったこのパートは、ホテルで行われる結婚式で着るベアトップのワンピースや、背中がかなりくれたリネンのブラウスを、「私に一番似合う服」にしてくれる。そしてこのパートをアピールすることを前提に服を選ぶことで、「MYスタイル」が明確になり、自信をもって着こなすことができるのです。

ひとつでいいのです！　できるだけ細かくイメージして、そのパートにたっぷりの愛情を注いであげてください。

香水はもうひとつのアクセサリー

いわゆる香水との出会いは、高校生の頃。アメリカに留学し、ホームステイ先のダディ&マムにもらった、「ラルフ ローレン」のもの。17歳の誕生日に贈られたこの香水は、「ファースト・パフューム」として、私の記憶に残っています。それ以来、さまざまなブランドのさまざまな香水を試しました。

「つけずに出かける」ことは、めったになく、それこそ子供と休日に公園に出かけるときや、寿司屋に行く予定のある朝くらい。つけずに家を出ると、何だか重大な忘れ物をしたみたいで、落ち着かないのです。かのココ・シャネルも言っています。「香りをまとわない女性に未来はない」。同感！

実は服よりも、メイクよりも。その人の「印象」として残る香り。例えばきりっとしたビジネスウーマンなのに、艶っぽい人、または、ロングヘアの女性らしい人なのに、内面は素朴で温かい人――のように、選ぶ香水は、その女性の内側の輪郭を際立たせます。

ただし、今の夫と結婚してから、一度も香水を買ったことがありません。誕生日やバレンタインデー、大きなプロジェクトが終わったときや、少し落ち込んだときなど。たいてい夫がそっとプレゼントしてくれるのが、小さな四角い箱。自分では決して選んでこなかったブランドの香水を、彼は、とても冷静に私の状況や、そのときの私に足りないものなど、きっとあれやこれや考えながら選んでくれるのでしょう。最も私の近くにいる彼が、「私を香り立たせる」ためにピックアップした琥珀色の液体は、いつしか自分を客観的に見るための役割をもち、もしくは「こんな女性になりたい」という近い未来の目標になったりしているのでした。

さまざまな場面で言っていますが、夫は、神様からの贈り物。「彼が選んだ」香水は、私にとっては、大きなダイヤモンドやブランドのバッグより、他の誰も見なくていい、彼だけを見て生きていけばいい――と、今の幸福をリマインドしてくれるアイテムなのです。

じっくり時間をかける。
これが上手な日焼けの秘訣

きっと、私と同年代のほとんどの女性が「美白派」だと思うので、あまり参考にはならないかもしれませんが——。美しく日焼けをするには、コツがあります。焦らない、急がない。時間をじっくりかけること。本当に褒められたことでないのはわかっているのだけれど、10代後半から、意図的に日焼けをし、今年で20年以上。そりゃあ、これだけ焼いていればうまくもなるはず！

そのプロセスをご紹介します。

まず初日。ＳＰＦ高めの日焼け止めを全身に。肌に負担が大きいサンスクリーン剤は、既にさまざまなものを使い、厳選済み。もう長年、顔は「アルビオン」のクリアプロテクション、体は「ビオテルム」のボディサンミルクＳＰＦ30を使用しています。ＳＰＦの数値がいくら高くても、汗や海水で流れてしまったり、ムラになったりするので、こ

まめに塗り直します。その際に気をつけているのが、必ず、既に塗った日焼け止めをきちんと落とすこと。顔は、できるだけ低刺激のクレンジングソープで軽く洗うこと。肌をクリアに戻しておくことが大切です。この手間を惜しむと、後で後悔するので、必ず。そして2日目も、同じステップを踏み、3日目からは、顔のケアはそのまま、体はSPF15の「シスレー」のスーパーサンボディクリームに替えます。プロテクトしながらきれいに焼くには、まず初めの2日は、強めのSPFで慎重にケアすること。ここで肌が強い紫外線に慣れ、下地ができるのです。そうして、旅程にもよりますが、4日目、5日目くらいからは、体には「クラランス」のスプレーソレイユラディアントオイル（SPF6／PA+）を塗布します。実はこのオイルが、きれいに艶やかな日焼けを「仕上げる」秘密兵器。日本人を含むアジア人は、紫外線を浴びるとくすんだ肌色になってしまうメラニン色素を、欧米人に較《くら》べて多くもっていると言われています。ミラノマダムのような、テラコッタ肌を目指すなら、このオイル。こっくりと深く、そして「くすみの少ない」きれいな日焼け色が完成するのです。そして、日焼け後の肌を、しっとりと艶やかに仕上げてくれる。

もちろん最も大切なのが、日焼け後のこまめな保湿。顔にはアルビオンのスキンコンディショナーのマスクを。ランチの後、夕方シャワーを浴びた後、そして寝る前にもう一度。1日3回くらいはするように――。ここはけちらず、贅沢に。そして日焼け肌用の乳液や美白の美容液をプラス。水分も、とにかくたくさんとることが大切です。そして体も、シャワーの後、朝起きた後などに、必ず保湿を。「クラランス」のソワンアプレソレイユは、のびもよく使い勝手がいいので長年愛用しています。普段の生活に戻ってからも、バッグの中にボディクリームを常備、とにかく気づいたときに塗るように。

こうして時間と手間をかけて（笑）、できあがった日焼け肌は、私のとっておきの個性。ざらっとしたスペインメイドのリネンのワンピースや、粗く編んだ砂色のニットなど、大好きなアイテムを格好よく着るための、コーディネートのアイテムとなってくれるのです。もちろん「白肌」をキープする人も、全身に大きな割合を占める「肌」をどうしたいのか――これを考えながらコーディネートをすると、その人のおしゃれはオリジナルの度合いをうんと強めるのです。

メイクだって、小物のひとつ——と考える

私はメイクについては知識も素人で、しかも不器用ときているから、語れることはそんなにないのだけれど、私なりのこだわりは確かにある。それは、テクニックやおすすめのアイテムではなくて、メイクそのものの考え方。

雑誌の特集でも、ファッションはファッションのカテゴリー、そしてメイクはビューティページで語られることが多いから、「顔」と、「それ以外」をきっぱりと分けて考えがち。けれど、実は「顔」だって、全身の着こなしを構成するファクターのひとつ。スタイリングは、ナチュラルな素材を使ったリラックスした雰囲気なのに、メイクはしっかり——そう、「顔」の印象は、どちらかというとドレッシィな感じ、これでは、「その人」のイメージ自体がちぐはぐになってしまう。また逆に、パーフェクトなスーツに、起き抜けのヘアでは、やっぱりあか抜けない。

決めすぎても、手をかけなさすぎてもダメで、そのさじ加減は難しいけれど、こんなふうに、私はバランスを考えるようにしています。例えば、仕立ての良いツイードのショートジャケット。同素材のセットアップだとコンサバティブすぎるから、ボトムをジーンズにしたり、インナーをTシャツにしたり……と、どこか必ず「遊び」「ヌケ」をプラスしてスタイリングすると、とても今っぽく仕上がります。

メイクもこれと同じこと。Tシャツとボーイフレンドデニムとのコーディネートには、肌は作りすぎるとバランスが悪いから、素肌っぽい仕上がりで。けれど、それだけでは、ラフすぎるから、ヘアは軽く巻いてナチュラルに整えて、しかも、目元はしっかりメイクする……みたいな。要はバランス。顔の中での、手をかけるべきポイントの緩急をつけることが大切だし、全身で見たときの力を入れるところとそうでないところも、顔をひとつのアイテムとして考えたほうがいい。

「首から上」と、「首から下」を分けて考えないこと。これを心がけたいものです。

ダイエットは、「自分が」心地よくいるために

確か、大学生の頃などは、少し食事制限をしたり、ジムのプールに通ったりしていたけれど、それ以来、私はダイエットをしたことがない。もともと新陳代謝は良いほうで、しかも発散するエネルギー量がとても多いからか、「太りやすい」体質でないことは確か。ただ、年齢を重ねるにつれて、背中の贅肉や二の腕のぷよぷよなど、決してシャープとはいえない体のディテールも目立ってきたりして……。

けれど、例えば9号のパンツが入らなかった、とか、スキニーデニムがまるで似合わない……なんていう経験も、私をダイエットには駆り立てないのです。不特定多数の人に作られた服に、「私だけの」体を押し込める必要はないと思っているし、「私にしかない」ボディバランスは、嘆くのではなく大切にするしかない。それを最も美しく見せるコーディネートは、努力して考えるべきだと思うのです。

服のサイズなどは、何も基準がないと、試着や購入するときの最初のとっかかりがないから、必要に迫られて決められたもの。だから、その数字に一喜一憂する必要はないのです。体重だって同じ。平均は統計学上の真ん中の数値で、その「平均」に私自身なりたいとも思わないので、末っ子を妊娠していた頃に病院で毎月測ったとき以来、体重計に乗ったこともありません。

もちろん、自分の体は自分のものだから、例えば会食が続いて体が重いな、とか、ウエストからヒップのラインが密かにお気に入りなのに、デニムを穿いたときにお腹が少しのる感じ——とか、居心地が悪い感覚にはとても敏感であるようにしていて。そうして、炭水化物を控えたり、意識して1駅分歩くようにしたりはします。

他人が決めた基準に右往左往せず、自分がどの状態でいると心と体のバランスが整っていて、とてもコンフォタブルか。このことにこそ敏感でいることが、私にとってのダイエットなのです。

エレガンスとは、どう装うかではなく どう生きるか

この仕事をしていて本当に嬉しくなることがある。それは、周囲にはたくさんの、おしゃれや人生の先輩がいて、見ていると、この先年齢を重ねることがとても楽しみになること。当然人知れず努力をした賜物《たまもの》だとはわかっているのだけれど、身近に「生きるお手本」がいる、というのはとても幸福なことだと思うのです。

中でも、いつも私のおしゃれのモチベーションを上げ、しかも、今の私の年齢より10以上年上だった彼女のように「いつかなりたい」、とリマインドしてくれる存在の女性がいました。「いました」と書いたのは、彼女はもう既にいないから……。52歳だったその年に、1年ほどの闘病を経て、亡くなったのです。私が10年もお世話になった大人のための雑誌の編集長だった彼女は、軽やかで自由で、色っぽい大人の女性を体現していた人だったから、私は突然「人生のお手本」を失って、実は今なお呆然《ぼうぜん》としています。

この先、本当の大人になるときに、私は誰を追いかければいいのだろう……。

本人が選んだのか、なりゆきだったのか、独身だった彼女。透き通るような肌の、あごくらいまでのボブが清潔な人でした。トーンは低いけれど透明感のある声で、いつもころころと笑っていたけれど、実はとても頑固で、そして自分に対しても人に対しても厳しい人。どんな肩書の人にでも、その人のテリトリーに飛び込んでいくのが癖の私も、10年仕事をさせていただいて、あるときなどイタリア旅行にもご一緒させていただきながら、最後まで目の前に立つととても緊張したのでした。飲むのが好きで、踊るのが好きで、旅するのが好き。本人から直接聞いたことはなかったけれど、困ってしまうほどもてる人で、その雑誌とは別の仕事で男性のデザイナーに会ったりすると、必ず彼女の近況を聞かれたものでした。

そして誰もが口を揃えて彼女を称して言ったのが、「エレガントな人」。

物腰や外見、スカートを好んだ、そのスタイリングもあったとは思いますが、それだけではない。彼女の生きる様。柔らかい口調で意見をはっきり言うことや、決して人の悪口を言わないこと、どんなに徹夜が続いても、「疲れた」と言わない意思。雨のときでも手入れされた美しい靴を履いて、とにかくいつでも楽しそうでした。

「エレガント」というのは、彼女みたいな人のことをさして言うのです。外見やファッションだけでなく、ハートの奥にもつ、頑丈で、透明なスピリットを。そして、まだまだその姿には程遠いけれど、私もそうなりたい。「疲れた」と言うより「お疲れさま」と他人をねぎらい、悪口よりは褒め言葉を口にする。他人のことにはひょうひょうとしていて、自分の存在の仕方には、鋭い眼差しを向ける――そんな女性に。

まだまだ彼女の不在に慣れていない私がいて、こうして折に触れて「書く」ようにしているのですが、それは、気持ちを整理する意味もあるし、自分への誓いのようなものでもある。もういない彼女の「エレガントな立ち姿」を、きっとずっと忘れないようにしよう――。

Myself

「元気な人」は
元気になろうとする人

どうやら、私はエネルギーが人の倍くらいあるみたいです……。そこまではさすがになくても、人にそう言われるので、イメージはそうなのでしょう。けれど、それは正しいし、そしてちょっと正しくない――と思います。総エネルギー値はわかりませんが、使い方はよくよく考えています。

例えば、気が向かない会食には行かないし、浅い付き合いしかできないほどのたくさんの友達はいらないと思っています。そして、愚痴を言うくらいなら、そのことはやらないほうがいいと思っているし、頭で考える前に行動することが大切だと思うときにはそうします。このことは、以前は全然できなくて、最初はものすごく努力をして、最近では自然とできるようになったのですが――。

こうして、エネルギーも、そして時間も節約して、大好きで楽しい人と、思い切り笑って、踊って、食べて、飲む。子供たちとハグして、ベッドの上で思い切りごろごろする。最愛の夫と白ワインを飲みながら、大好きなＤＶＤを見る。これで、その日少し減ったエネルギーもチャージ終了。できるだけ、１日が終わる前に、この作業を完了しておくと、次の日の朝は、また「元気な私」で始められます。

元気な人には、自然と人が集まってきます。どんなときでもポジティブな。元気でいよう——とするのは、もちろん難しい場合もありますが、パワーがなくなることをできるだけ避けて通る……これって、とても大切で、理に適っていると思いませんか？

自分を好きになること。実はこれって、訓練です

「私は私で良かった。自分が大好き」と、何かの会話の合間にこんなふうに言うと、たいていの人は「え??」と驚いた顔をします。そして次にこう言います。「私は自分のことがあまり好きじゃない」。そのセリフにこそ、私は「え?」と思ってしまいます。だって、「他でもない〝私〟がこの言葉を聞いている」のに。私が臆面もなく、「LOVE MYSELF」と言いつづけるのは、自分に言い聞かせているから。

9頭身のプロポーションで、パーフェクトに近い美しさをもつモデルと撮影をしたり、類《たぐい》まれなセンスのスタイリストや、天才的なひらめきをもつ編集者とも仕事をしますが、やはり決して彼女たちのようになりたいとは思わない。私は私で十分です。自分でいることが心地よいし、満足している。でもね、これって「私は完璧な人間です」ということとは、全く違う。むしろ、「完璧じゃない自分が愛おしい」みたいな感覚。だって、

こういうふうに言ってあげられるのは、自分しかいないのだから。

こういう私も、実は自分のことが嫌いでした。そう……。「自分のことが嫌い」と思った瞬間は中学生の頃突然やってきて、実は22歳くらいまで続いたのです。初めは、自分のことが嫌いな理由を両親や、もしくはそのときにいた環境のせいにして。小学校から高校まで附属の学校に通っていたのですが、「まずは転校したら、自分を好きになれるんじゃないか」なんて考えていました。結局、それは実現しなかったのですが、高校生のときにアメリカに留学したのも、こんな理由がひとつにあったのは事実。カリフォルニアの田舎の高校で、驚くほどいろいろな人種のルーツをもつ人がいて、そこにぽつんと放り込まれたときに、「あ、自分は自分でいいんだ」と感じた感覚は、今でも覚えています。

そうして小さなきっかけが積み重なって、「もしかしたら私は自分を好きかも……」とおぼろげに思えたのが、前職についたとき。ものすごく努力をして、どうしても入りたかった会社に入り、大好きだった雑誌の仕事ができたことは、大きな自信になったのかもしれません。

そうして、それがクリアに「LOVE MYSELF」に変わったのは、再婚してから。2人目の子供が生まれた直後は、「仕事が忙しくて、100パーセントの時間と手間を子供にかけられない」ストレスで、「自分は悪い母親なのではないか」「子供は幸せじゃないのかもしれない」と、巨大な不安に襲われていました。それを夫に話すと、必ず言われたのが、この言葉。

「自分のことを責めないで、愛してあげて。それをやってあげられるのは、僕でも子供たちでもないんだから」

呪文のように言われた結果、他人にもこのことを宣言できるまでになったのでした。

そして、今は子供たちに言いつづけています。「〝自分が大好き〟と言ってあげてね」と。だって、こう思えることは、生まれもった才能でも性格でもなく、コツコツ努力すれば手に入るものなのだから。

10年1キャリア、と覚悟すること

27歳で、勤めていた出版社を辞めました。どうしても入りたかった会社、そして編集部だったのに……。そうして退社後、これまた夢だった南米の遊学に出かけることになるのですが、キャリアを中断した理由が、もうひとつ。当時仕事をしていた環境で、「10年後の自分」が、どうしても想像できなかったから……。わかりやすい役職に興味があったわけでもなければ、かといって、そのときやっていたことと同じことをやっている自分もイメージできなかった。「10年後の自分」に自信と希望をもっていたいから、大好きだった仕事を辞める決意をしたのかもしれません。そうして、「この先10年は文句を言わずに働ける」と言えるほど遊び、たくさんのものを見て、学んだ海外での数カ月を経て、私はフリーランスのエディターになったのです。それはそれは、大きな希望をもって。

独立するにあたり、心に決めたことがひとつありました。当然、出版社での編集の経験は5年あったけれど、「新人」として、次のキャリアを始めよう、ということ。そして、10年は文句を言わずやってみよう、ということも。

こうして新しいスタートラインに立った私は、心に誓った通り、頂ける仕事はやらせていただき、謙虚に、文句を言わず、腐らず、そして誠意だけをもって走りつづけているうち、あるとき、自分の仕事の幅がぐんと広がったことに気づきました。例えば念願だった著書の出版や、自分の名前で何かを発信できる雑誌のページ作りなど。

その時期は、今考えるとフリーランスとして仕事を始めて10年経ったときとぴたりと一致していたのです。一人前になるのに、5年では短い。10年は必要。

それは、きっとどんな仕事でもそうで、決して遥《はる》か彼方《かなた》にあるゴールではなく、愚直に目の前のことをやりつづけ、そうしてもうひとつの目で10年後を見つづけていれば、あっという間にやってくる。たくさんのことを経験しながら過ごす10年という時間は、誰にでも公平で、そして平等。だから楽しく、ときに苦しく、私たちを導きつづけてくれる――と思うのです。

何よりも、「旅立つ人」を手厚く

先にも触れた、5年勤務した会社を辞めたとき、周囲の反応はふたつ。面白いほどはっきりと分かれました。

まずは、有名雑誌の編集者という立場を離れ、「大草直子」という一個人として仕事をしていこうとした私に、「今までありがとう。もっと、親しくお付き合いができますように」と、メッセージカードをくださったのは、親交のあったジュエリー会社のトップ。「小さな仕事でもやってくれる?」と仕事を振ってくださった、今は亡き有名な広告マン。「あなたには、どんなテーマでも、いつでも服を貸すわよ」と言ってくれた同い年のプレスの女性。フリーランスとしてはキャリアがゼロの私を信じてくれた人たち。既に10年以上は経つけれど、こういった人たちから頂いた温かなご恩を絶対に忘れない。

彼女たちの言葉は、寄る辺《べ》のない、ふわふわとした立場に立った緊張感と、期待と、不安でいっぱいだった当時の私の心の奥深くに、じんわりと沁《し》みて、今でも思い出すくらいだから。

対して、今まで「雑誌の名前で仕事をしてきたんだな」と目の前に突きつけられるくらい、冷たい反応も目《ま》の当たりにしました。刷ったばかりの名刺をもってリース（撮影のための服や小物を借りること）に行くと、まるで追い払わんばかりの対応をされたり……。でもそれはそれで当然です。だって、私は独立したばかりのひよっこで、信用だって信頼だってこれから作っていかなければいけないのだから。

こんな経験をして、私はいつからか、お世話になったプレスの方がそのブランドを離れるときや編集者が別の部署に異動するときには、今までのお礼と、「また近々会えますよね！」という思いを込めて、カードを送るようになりました。自分がしてもらって嬉しかったことは、きっと相手もそう感じてくれるはず――。そして、今まで作り上げたキャリアを、また違うかたちで積み上げていくことの、少しの心細さが手に取るようにわかるから。長年いた場所を去り、緊張しながら新しいキャリアを始めようとする人に寄り添う人でいたいと思います。こんなささいな気持ちや心の通い合いは、仕事人としての、私の最も大切なことのひとつだったりします。

この仕事は誰のためか。常に「読者」を見ていよう

お客様が見えづらい。これって、ホテル業とも小売業とも違う、私たちの仕事の特徴のひとつ。雑誌を作って、もちろんそれを買ってくださる読者の方が、お客様であることは少し考えるとよくわかるのだけれど、例えばファッション誌を1冊作るのに、雑誌の実売だけでは不可能。クライアントと言われるさまざまな広告主がページを買い、自社の広告をすることが必須だったりすると、当然クライアントをお客様だと勘違いしたりしてしまいます。

雑誌作りがとてもお金がかかるものであることを考えると、それはとても大切なので

すが、私はいつも最終的に何百円か払って、雑誌を家に持って帰ってくださる読者をお客様だと考えるようにしています。もともと、ハイセンスなスタイリングやページは作れるわけもなく。モードや流行にはそれほど興味がないし、雑誌が好きで仕方がない、ということと、仕事柄知りえた情報をたくさんの人とシェアしたい、という気持ちで仕事をしているので、自然とこういう考えになったのかもしれません。

もちろん、私のようなフリーランスのスタイリストやエディターは、編集者や編集長から仕事を受けなければ、情報やアイデアを発信することはできないので、ときに、彼らのほうを向いてページを作ってしまいがちなのですが、それも私にとっては違う。読者の方たちが——何を知りたい？　何を見たい？　どうしたら、「数百円払って無駄じゃなかった」と思ってもらえる？　いつもそれを考えながら、ページを作ろうと心に決めています。そしてこのことは、私のキャリアでの、戒めや道しるべになってくれているのです。

その月のテーマを考えるとき。テーマが決まって、コンテ（家を作るときの設計図のようなもの）を描くときも、モデルやカメラマンなどのスタッフを決めるときも。さらに、使用する服や小物を選んでピックアップするときや、「採用するアイテム」を決定し、撮影をした後に原稿を書くときも、読んでくださる人たちの顔を思い浮かべるようにしています。

もちろん、最初からこんなふうに仕事をしていたわけではなく、お客様の顔が確かに見えてきたのは、実はここ数年のこと。皆さんの顔を思い浮かべながら、「三歩先のおしゃれの考え方」や情報を発信する。この誓いは、私の個性として財産として、これからも大切にしつづけようと思っています。

嘘をつかない。ストレスからフリーでいるために

嘘をつく。それが、小さなことでも。例えば、「具合が悪くて駅で休んでいたので遅

れた」「天気が悪かったので、良い写真が撮れなかった」など。こうした小さな言い訳や嘘が次の嘘や言い訳を生む。つじつまを合わせたり、ほころびを繕ったり。なんだか、このことに疲れてしまい、あるときから、自分がやらかした失敗や、不出来な仕事には言い訳をしなくなりました。正直にその理由を説明し、誠心誠意謝罪をし、次に二度と同じことをしないことを宣言する。これで、たいてい相手の方は理解してくださいます。そして、ごまかさなかったことで、ある種の信頼を得ることができるのです。嘘やごまかしで、その場は何となく収めたように思っても、結局、それはのちのちたくさんのストレスを生むことになります。こんなことに代表されるストレスは、できるだけ排除するのが得策。

他にも例えば、どんな仕事を選ぶのか、その仕事を誰とやるかのスタッフ選びにおいても、同じことが言えます。具体的に言うと、ある雑誌の大きなファッションテーマ。この編集・スタイリングをするときに、その人がビッグネームだから、とか、今人気があるから――という理由ではスタッフをブッキングしません。プロとしての技量は当然ですが、私が大切にしたいのは、それに加えてこの何ページかの仕事に対して、全力で、熱意をもって取り組んでもらえるか。常に読んでくださる人たちのことを第一に考えてくれるか――ということ。

このことをスタッフ選びの条件にすることで、皆が同じ気持ちで仕事に臨む↓楽しく仕事ができる↓できあがりが素晴らしい↓読者がそのページに共感してくれる↓私たちももっとハッピーになる。こんなふうに、幸福のスパイラルが続いていくのです。

素晴らしい写真を撮るけれど、いつも読者の気持ちからはかけ離れているフォトグラファー。プロポーションは整っているけれど、仕事に対する意欲が感じられないモデルは、私が普段仕事をするスタッフの中にはいません。

スタッフの名前や人気に頼らず仕事をする。これも、さまざまなストレスから解放されるための、私のルールです。

流行ではなく「心」を知る。スタイリストとして、一番大切なこと

雑誌やテレビの撮影などで、服や小物を集め、スタイリングをする。これがスタイリストの仕事。その仕事をやる上で、一番大切なこと。人それぞれでしょうが、私にとってのそれは、「着てくれる人」のことを知ること。そのシーズンの流行や、ブランドものであるかそうでないか——は、ときにどうでもいい。私がいいと思う服を、ただ押しつけることもしません。

「着てくれる人」が、私が選んだ服を着て、ぱっと華やいだ表情になり、瞳に自信が宿り、背筋をぴんと伸ばして「現場」に向かうことができる。これができたら、そのスタイリングは成功だと思うのです。

だから、まずすることは、そのとき流行っている色やデザインの勉強ではなく、「着る彼女」がどんなキャラクターで、そのときどんなことを思い悩んでいて、どんなこと

に心が震えるのか――を知ること。撮影の合間に「深い話」をすることもあるし、撮影後に食事に出かけたりすることも、読んでいる本を貸し借りしたりすることもあります。そうするうちに、わかってくるのです。彼女は今恋をしていて、きっと彼のことを考えると心がきゅんとなって、目にハートが入るだろうな――とか。そんなときは、コットンのシャツではなく、シルクリネンの柔らかな素材を選び、ボタンをいつもよりひとつ多く開けたりする。そして本番が始まると、いい頃合いで声をかけるのです。「今このカメラのこっちに、好きな人がいると思ってね」。その瞬間がシャッターチャンス。何とも柔らかで幸せそうな表情をしたワンシーンが、切り取れたりする。そして間違いなくその写真は、読者の心をつかみ、印象深いワンカットになる。

こうしたセッションを続けるうちに、モデルたちも私を信頼し、心を開き、とても集中して撮影の現場に来てくれる。「この人の選ぶ服は私をきれいに見せてくれる」、そう思ってくれたら、スタイリスト冥利《みょうり》につきる、というものです。

例えば朝1杯の紅茶。「私の幸せ」は簡単で安い

6時、もしくは頑張って5時半に起きても、やるべきことをすべて終わらせて朝出かけることは、まず不可能。子供たちのお弁当を作り、身支度をさせ、朝食を作り、天気の良い日は洗濯をして。あ、自分も化粧をして服を着替えて、可能なら、帰宅したときにいやあな気分にならないように、リビングルームや玄関くらいはささっと整えたい。その合間に、急なメールチェックを思いだしたり、ある日は長男の小学校の衣替えの日だったことに気づいたりして。そんな朝の、私のささやかな幸せは、朝日が差し込むリビングルームのソファに座って、「淹れたての」「温かな」紅茶を飲むこと。ほとんどの日が、無理ですが……。

化粧をしている合間に、急ぎのメールを送っている合間に――すっかり冷めた紅茶を飲めたらいいほう。我が家は、洗面台やパソコンの横に飲みかけのティーカップが、ぽ

つんぽつんと置いてある。そしてそれを夜、いちいち夫がピックアップしてくれます。「だから、３人の子供がさっと起きて、ご機嫌で朝ご飯を食べて、笑顔で学校や保育園に行ってくれたら、それだけでとっても嬉しい。茶葉できちんと濃いめの紅茶を淹れて、もちろん少し蒸らして、あつあつを頂く。私にとって、奇跡のような一瞬です！

こんなエピソードに代表されるように、家族をもって子供を産んでから、幸せを感じるハードルがどんどん低くなっている気がします。朝の１杯の紅茶もしかり。運動会で息子が去年走った徒競争は30メートルだったのに、今年は50メートルになっていたとか、前日友人と飲み過ぎて二日酔いの朝に、長女が目玉焼きを作ってくれたこととか、夫が小さなブーケを買ってきてくれたり。「○○○を持っていない」ことや、「○○○ができない」ことで、不幸を感じたりはしません。

そうして気づきました。幸福って、他人からもたらされるものでも、そして手に入れるのが難しいものでもない。ハードルを低くするのも高くするのも、自分次第。うんと低くしておけば、毎日いろいろな瞬間に「ＨＡＰＰＹ」は私のもとにやってくるのです。すると自然と笑顔が生まれ、そういう人にはたくさんの人が集まってくる。結果、また幸せの芽がたくさん顔を出す。

このことに気づいてから、幸福のバロメーターの目盛りはいつも「低」。だから、私は今日も幸せです！

友達ってそんなにたくさん必要？

実は、私は友達が少ない。片手で事足りるくらい。もちろん、知り合いはたくさんいるし、仲間は多い。けれど、「友達」はほんの少し。1カ月に1回会う友達もいれば、1年に1回がせいぜい——という人も。会う頻度や、その人の年齢や職業もあまり関係なく、心の底からリスペクトでき、何かあったときには、とにかく駆けつけよう、と思える人。私にとって友達は、空いた時間を埋めてくれる存在でも、寂しさを解決してくれる存在でもないから、そんなにたくさんはいらない。というか、実際に有事に駆けつけられるのは、せいぜい5人くらいかな、と思うのです。

以前は、それこそ、知り合いをたくさん増やすことに躍起になっていたり、価値観のズレをごまかして一緒にいたりしたけれど、今はそんなことはない。40歳も近くなると、自分の中で「正しいこと」「正しくないこと」というのは明快になり、それが合致しないと、一緒にいても「ん？？？」と思うことがしばしば。自分なりの価値観を相手に押しつけることは違うから、ここが合わないと、何となくお互いに離れていくことに。

けれど、それでいい。他者との距離の取り方を測る訓練をする10代、さまざまな経験を一緒にしてくれるパートナーを探す20代、自分の生き方がだんだんと固まり、他者と生活や環境に違いが出てくる30代。この間に、爆発的に友達が増えたり、イヤな思いも楽しいことも済ませ、そうして、少しずつ淘汰《とうた》されていき、きっと40代では、限られた友達と新たな、深くて温かな関係を築いていくのかな、と思います。

お互いに、仕事や子育てに目が回るような忙しさの中、予定が合わないことがほとんどだけれど。時折、ふと「友達の顔」を思い出したりして。一緒に過ごした濃密な時間が確かに私を支えてくれていることに、深く安心し、じんわりと涙が出るほど愛おしい。大人になった今、友達はこんな存在です。

気が乗らない会食は断る。時間はそんなにないのだから

私にとって、「食べること」「お酒を楽しむこと」は、本当に大切なこと。「大事なことベスト3」に間違いなく入る。だからこそ、忙しい仕事の合間のお弁当やデリバリーの食事ではなく、そして夫の会話よりも子供の世話にかかりきりになる家での夕食でもなく、外でゆっくり食事をするチャンスは、心から大切にしたい。ずっと誰かの愚痴を聞いていたり、噂話に巻き込まれたり、もしくはうわべだけの何だかふわふわしたことしか話さないようなディナーになってしまったら、それこそ涙が出るほど悲しく、がっ

かりしてしまう。さらに、楽しみにしていた時間が、疲れるだけの数時間になってしまったときの悔しさと言ったら！

だから、時間に都合がついても、先に挙げたような集まりには行かないようにしています。そんなことで壊れる関係なら壊れればいいし、まとまらない仕事なら、まとまらなくてもいい。

少し乱暴に聞こえるかもしれませんが、ディナーとは、向かい合って楽しい時間を過ごしましょう――というコンセプトなはず。それが叶わないのなら、私にとっては必要のないことなのです。「断る勇気をもつ」ことは、「ストレスをもらう会食に出かける」ことより、うんと簡単で健全なのではないでしょうか？

読書の時間。それは心の余裕のバロメーター

朝は起きた瞬間から全速力で走り始め、子供たちを学校や保育園に送り出した後は、違うエンジンがかかって、仕事にまい進する。時間の融通が利けば、友人ともご飯に出かけたりするし、休日は当然子供の学校の行事やときに撮影が入ったりもする。家でソファに座る時間は、おそらく1日15分くらい。だって、いろいろなことが終わらない!!!

あ、これ文句じゃないんです。こんなふうにバタバタな毎日を、私はけっこう気に入っているし。こんな毎日で、自宅で読書をする時間は皆無ですが、1カ月に2冊くらいのゆっくりしたペースでも、本を読むようにしています。小説がほとんどで、ファッションについての解説書、ときにビジネス書なども。たいてい本を開くのは、電車の中。通勤の時間が長いから、けっこう落ち着いて読書に専念できる。もしくは、打ち合わせ

のカフェに少し早く着いてしまったときなど。

どんな内容であっても、「本を楽しめる」かどうかは、実は私にとってバロメーター。何の？　自分に余裕があるかないかの――。

時間の余裕ではなく、気持ちの余裕。何かに追い立てられていたり、ストレスを感じていたり、もしくはイライラしていると、本の中身は頭に入ってこない。それどころか、本を開くのも忘れてしまったりして。自分が元気なのか、ニュートラルな精神状態なのか。それを測るのが、私の場合読書なのです。一瞬であっても、現実のあれやこれやから解放されて、ぐーんと集中する。そうして、登場人物や著者に共感して、電車の中でも涙が出たりして。もう最高のエンターテインメント。仕事の合間にブックストアに寄って、気になる本をまとめ買い。子供を3人産んでから、残念ながら映画を観る時間はなくなったけれど、本を読む時間は、何があっても、きっと確保しよう。そう思っています。

うらやまない、ねたまない。時間とエネルギーは大切に

学生の頃、「これを持っていない」「これがない」と思いつづけ、持っている人をねたんだり、うらやましく思ったり。そうして、その負のエネルギーで自分をがんじがらめにして、友達との約束に出かけられない……なんてこともありました。ネガティブな考えって、自分が思っている以上に大きくて強くて硬い。そんなことに気づいてから、まず、人をうらやむ前に努力をしよう——と決めました。

幸いなことに、自分の好きな仕事に就くことができたのだから、まずは目の前の仕事に全力投球しよう。文句を言わず。そうしているうちに、以前私を苦しめた、ネガティブな思いがほとんどなくなっていることに気づきました。不思議。そうすると、心も軽い！ こうした状態は今までキープできていて、例えばフリーランスになりたての頃受けた、理不尽な対応に落ち込むことなく、同い年の他のスタイリストや編集者が、雑誌

で最も華のあるページの巻頭を担当したりしていても、ねたんだり、うらやむこともなく、とてもフラットな心で「私がやるべきこと」をやりつづけることができました。

与えられたことを一生懸命にやることはもちろん、もうひとつ心がけたこと。それは、負のエネルギーが生まれる場所には身を置かない——ということ。愚痴や悪口ばかり言う人、噂話が行き交う場所。できるだけ、遠くにいるようにしています。最近も、驚くほど攻撃的で、何がきっかけかはわかりませんが、「私のことが大嫌いな人」と、同じ雑誌を作らなくてはいけない状況に身を置かれました。もしかしたら、私が何かをしてしまったのかもしれない。それを確認しようにも、する術もないほどの状態だったので、私は「その場」を去ることを決めました。会社勤めではなかなか難しいことなのかもしれませんが、「良い仕事」をしつづけない限り、フリーランスである私に、雑誌のページは回ってこない。全力で「良い仕事」ができる場所を確保するのも、私にとっては大切なことなのです。

HAPPYな人が作る、前向きなメッセージに満ちたページは、きっと読者の共感を得、そのエネルギーは、作り手である私に間違いなく返ってくる。今は、「これがない、あれがない」と思うことはなく、「手の中にある、小さなたくさんのこと」に感謝し、幸せに思っています。

「自分で決めたことだから」。それがいつも笑顔の理由

実は、このテーマ――「こんなことも是非書いて」と言ったのは、この本の担当編集者。ふうん、私、そんなに笑っているかな……。いつも笑っているのは、きっといつも本当に楽しいから。そのくらいしか理由は思い浮かびません。真冬の朝早いロケも、30分刻みで入るリースも、1日5本の打ち合わせも、子供の学校のバザー委員会だって。イヤイヤやっていることは、全くと言っていいほどない。そして、「努力をして」いつもこう思うようにしています。

「この状況は自分で選んだこと。他の誰かに強制されたことでも、仕向けられたことでもない」

忙しい自分も、仕事がなかなか終わらなくてストレスに押しつぶされそうになるときだって。すべて、決めたのは自分。そう思うと、意外と肩の荷がすーっと下りていくような気がします。

人は、どんなときでも、小さなチョイスを重ねて生きています。「今日のお昼は何にしよう」、こんなことだって、そのひとつ。そして、その決定権はあくまでも自分にあり、たとえ、他人が決めたように見える事柄でも、「私が決めて選んだこと」だったりするのです。「やらされていること」には笑えないけれど、「自分が決めたこと」には笑顔でいられる。そう思っています。

あ、そして最後に「涙もろい」ことも付け加えておきましょう。映画や小説で所構わず泣けるのはもちろん、生命保険のＣＭや、子供の卒園式や運動会は、もうダメ。号泣です。

たくさん笑うし、たくさん泣く。気持ちをたくさん動かすことで、「感じること」に敏感になれる気がするのです。

初対面の挨拶は、
相手に飛び込む気持ちで！

幼い頃からいつも年上に見られ、20代後半の頃は、いつも40代に見られていた私。顔立ちももちろんあるのでしょうが、きっと態度や立ち居振る舞いにもその原因はあるはず。人に聞くと、「物怖《ものお》じしないから」と言われることが多いけれど、それって、実は良いことばかりでもない。怖そうに見えたり、不遜《ふそん》な態度に思われたりするから。だからこそ、初対面の挨拶は、とっても大事。偉ぶったり、相手を見下したりする気持ちはさらさらないことを伝えないといけない！　名前を名乗り、名刺を渡すときには、既に、「私は、こんな人間です」とキャラクターを全開にします。

それは、ぴかぴかの笑顔だったり、「今日はお会いできるのを楽しみにしていました」という言葉だったり。嘘か本当かわからないけれど、人間のチャクラは額にあると言われていて。そこが「閉じている人」と思われたくないし、実際そうではないから、常におでこを全開にしたヘアスタイルにしているのも、そんな理由から。

そうして発したファーストインプレッションは、たいていの場合、相手の人も笑顔にしてくれる。私は、その瞬間が好き。「この人に会えてよかった」、そんなふうに思ってもらえたら、こんな嬉しいことはない。

そして、このことは、雑誌や本、そしてブログを読んでくださる読者の方たちに対しても同じです。何ひとつ、隠すことや飾る必要はない、と思っています（あ、少しは隠したり、飾ったりはしていますが――）。あるがままの自分。一度の離婚と再婚を経験し、子供が3人いて、必死に仕事して子育てをしている40歳直前の私と「出会えてよかった」と思ってもらえることが、一番大切。母には「そんなにあけすけに語らなくても」と、ときに咎《とが》められたりしますが、このオープンな性格は「遺伝です」と、これもまた隠さず書いてしまいます！

「足るを知る」。母からもらった宝物

私服で通う、かなりリベラルな学校の、高校生だった頃。当時、「アメリカンカジュアル」を略して「アメカジ」と呼ばれたファッションが全盛でした。質実剛健を掲げる私の高校では、私服とは言っても、地道で高校生らしいスタイルの生徒が多かった中、数人のファッションリーダーたちは、「ラルフ ローレン」のシャツを着て、「ルイ・ヴィトン」のボストンバッグを持って校内を闊歩《かつぽ》していました。アメリカに出張に行く父にせがんで、「ラルフ ローレン」のボタンダウンシャツまでは手に入れたけれど、「ルイ・ヴィトン」のバッグは、おいそれとは買ってくれるわけもなく。誕生日やクリスマスなど、チャンスがあれば幾度も「おねだり」していたのでした。子供がやりたい、ということにはNOと言わず、アメリカ留学などの費用も喜んで出してくれたので、バッグくらい……と思っていたのでしょう。何度お願いしても首を縦に振らない母が、ある

日言いました。

「身の程知らずです。足るを知りなさい」

大声で怒鳴られたわけでもないのですが、この言葉は効きました。

「足るを知る——そうだ、何て贅沢で見当はずれのことを言ったのだろう」

その後、もちろん、そのブランドのバッグは私のものにはならなかったのですが、あのとき、母に言われた言葉は今でも私の中に生きています。今もっていることやもの。そのことに感謝をし、「もっていないことやもの」を悲しんだり、恨んだりすることはやめよう。手の中に入るほどの、もっていることやものに、心から感謝をし、愛おしもう。逆に言うと、手のひらからこぼれ落ちるくらいなら、それは私には多すぎる。たくさんのことやものをもつと、今度はそれを落とさないようにすることに集中しなくてはならない。そんな人生より、「足るを知り、そのことを幸福に思う人生」——を、私は選びたい。

「ありがとう」って魔法の言葉。意識して使ってみて

私と夫は、結婚して家族を作るときにこう決めました。「それぞれがお互いのキャリアを優先するより、どちらかは子供たちとできるだけ一緒にいるようにしよう。その時期はときどきで変わるかもしれないし、役割に男女を持ち出さないように。収入が多いほうが、フレキシブルに家計を支えよう」

当時33歳で、キャリアの伸びどきだった私が、結果的にその後5年以上、より仕事に集中させてもらっています。もちろん彼も働いているので、お互いがあまりの忙しさに、目が回りそうなときもありますが、私のスタンスはいつもこう。「今、年齢的にも、経験をたくさん積むとき。こうして仕事をさせてもらって、とても感謝している。ありがとう」。そうすると、彼も「ずっとハードワークが続いたから、今、こうして子供たちとの時間がもてることが、とても嬉しい。ありがとう」と答えます。

そう、ありがとうって、本当にすごい。自分を肯定し、そして相手を１００パーセント受容するフレーズ。そして無料。特に、「これをしてくれてありがとう」ではなく、「これをさせてくれてありがとう」、こう言うときのパワーは、驚くほど力強く相手に届くのです。

何も特別な愛の言葉をささやかなくても、スペシャルなプレゼントがなくても、普段少しずつ積み重ねた「ありがとう」の貯金があれば、夫婦関係、もちろんそれ以外もきっとうまくいく。私はそう思います。

おわりに

この1冊は、私にとって6冊目の本になります。私に生きる見本を見せてくれ、亡くなった後も、とても近くに感じている祖父の夢を引き継ぐ形で、「本を出版する」ことは、長年私の願いであり、叶えたい夢でした。念願の1冊目を出版してから、この本に至るまで、数年の間に、たくさんのおしゃれのルールや、培ってきたコーディネート理論をご紹介してきましたが、この本は、また少し違うアプローチで書き進めました。自分のおしゃれを作ってきた「出来事」や、ファッションとは一見関係のない「人生観」のようなもの。実は、この「私」――という1人の人間の生きてきた様は、間違いなく私の着こなしそのものを明らかに表しています。きっと、クローゼットの中にある、「ラルフ ローレン」のジャケットや、「シャネル」のヴィンテージバッグよりも、明快に、そしてストレートに。それならば、やっぱり、「私の表面」のおしゃれを語ると同時に、そのおしゃれを作ってきた、「私」を語らなければ——と、今回は、このような内容になりました。

書き終えてみて、思い浮かんだのは、たくさんのありがとう。いつも私を全力で愛して支えてくれる夫、天気の良い日曜日、リビングルームで1日原稿を書いている私を「見て見ぬふり」をしてくれた子供たち、そして何より読んでくださった皆さま。本当にありがとうございました。

そして今回、もう一度自分を見直すきっかけになった、この本を書くチャンスをくださった、幻冬舎の菊地朱雅子さん。雑誌の特集で見かけた私に、「あなた自身を書いてください」とコンタクトをとってくださり、そうして、「打ち合わせをしましょう」というディナーやランチの約束には嬉々として出かけていくのに、原稿の締め切りには、かなり遅れてしまい、申し訳ありませんでした。そしてそんな私を許してくださり、本当にありがとうございました。私、もしかしたら、菊地さんにたくさん、そして長く会いたいがために、なかなか脱稿せず、長々と書いていたのかもしれません（笑）。いや、本当に。

とりとめのない告白になってしまいましたが、おしゃれはもちろん、人生も「まだまだ」の私です。だからこそ面白いし、毎日が楽しい！　日々忙しいし、うまくいかないこともあるし、自分の味方ばかりではないこの世界だけれど、私は、おしゃれでいようと思うし、幸せでいようと思うし、美しい人でいようと思うし、元気でいようと思うのです。

２０１２年5月　大草直子

装幀　山本知香子
撮影　最上裕美子

著者紹介
1972年東京生まれ。スタイリスト、エディター。大学卒業後、出版社に勤務、女性ファッション誌の編集に携わる。退職後、フリーに。ファッション誌でのスタイリングのほか、ブランドとのコラボレーション、トークイベントなど、幅広く活躍。著書に『おしゃれの手抜き』『おしゃれの練習帖』『大草直子の〝考えるおしゃれ〟』『大草直子のStyling Book』などがある。

「おしゃれな人」はおしゃれになろうとする人
2012年7月25日　第1刷発行
2013年3月25日　第3刷発行

著　者　大草直子
発行者　見城 徹

発行所　株式会社 幻冬舎
〒151-0051 東京都渋谷区千駄ヶ谷4-9-7
電話 03(5411)6211(編集)
03(5411)6222(営業)
振替 00120-8-767643
印刷・製本所　株式会社 光邦

検印廃止

ISBN978-4-344-02221-8　C0095
幻冬舎ホームページアドレス http://www.gentosha.co.jp/

この本に関するご意見・ご感想をメールでお寄せいただく場合は、comment@gentosha.co.jp まで。

GENTOSHA